新编仪礼图之名物图

买靳 …………… 著

中州古籍出版社
·郑州·

图书在版编目（CIP）数据

新编仪礼图之名物图 / 买靳著 . -- 郑州：中州古籍出版社，2024. 9. -- ISBN 978-7-5738-0744-1

Ⅰ．B222.25

中国国家版本馆 CIP 数据核字第 2024B4F098 号

XINBIAN YILI TU ZHI MINGWU TU
新编仪礼图之名物图

责任编辑	何慧婷
责任校对	周　靖
装帧设计	曾晶晶

出 版 社	中州古籍出版社（地址：郑州市郑东新区祥盛街 27 号 6 层邮编：450016　电话：0371-65788693）
发行单位	河南省新华书店发行集团有限公司
承印单位	郑州市毛庄印刷有限公司
开　　本	890 mm × 1240 mm　1/32
印　　张	10.75
字　　数	260 千字
印　　数	1—2000 册
版　　次	2024 年 9 月第 1 版
印　　次	2024 年 9 月第 1 次印刷
定　　价	40.00 元

本书如有印装质量问题，请联系出版社调换。

序　言

　　《仪礼》，是一部记载周代礼仪制度的经书。书中对绝大多数仪节的记载皆完整而详细，但由于时代悬隔，文字艰涩，制度难解，器物难明，通明《仪礼》是不容易的。初学者在读书的过程中需要运用较为科学的方式方法。如清代学者陈澧曾说过："《仪礼》难读，昔人读之之法，略有数端：一曰分节，二曰绘图，三曰释例。今人生古人后，得其法以读之，通此经不难矣。"(《东塾读书记》)陈澧所说的"绘图"，指的是以绘制图表的形式直观形象地解释《礼经》。

　　礼图之始，现已难以追溯。现在所能见到的最早的礼图是东汉碑刻《六玉图》(见于南宋洪适所作《隶续》)，其后有郑玄、阮谌、夏侯伏朗、张镒、梁正、开皇官撰六家，但现皆难见其全貌。

　　后至五代，聂崇义据郑玄等六家之图，参互考定，并加集注，作《三礼图集注》二十卷，凡图三百八十余幅，文字十余万言，内容主要是考绘行礼所需的车服、礼器等，对行礼所在的宫室述之甚略，亦不甚精准，而对五服制度及礼仪进程中揖让进退的具体方位更是毫无涉及。即使是该书主要考绘的服制礼器，也存在一定的争议。如沈括、欧阳修等多认为此书所绘与三礼注解相悖。但平心而论，该书所绘并不尽为杜撰，特别是其能参汉以来六家礼图而成一书，使"礼图"学派递相祖述，自成源流，在礼学发展史上当有其一定的地位。

继聂崇义之后，北宋陈祥道作《礼书》一百五十卷，内附示图近八百幅，图后有文，依据前人著述引用儒家经典对上古礼制进行考核订正，内容完备，条理清楚，纠偏补缺，多有独到之处。该书保存较为完整，与司马光之《书仪》、朱熹等之《仪礼经传通解》共同代表宋代礼学的最高研究水平。该书虽不是典型的礼图类著作，但附图甚多，且注解翔实。相较《三礼图集注》，该书新增了十余幅五服图，以及一些释币礼、大射礼、投壶礼等相关的陈设图、礼位图，这使得礼图的内容更加完整。

南宋时期，经学繁荣，这一时期的学者亦更加深刻地意识到图谱在学术研究中的作用。这一时期，有杨复所作《仪礼图》十七卷，并《仪礼旁通图》一卷，于绍定元年（1228）正式成书。其自序中称："复，曩从先师朱文公读《仪礼》，求其辞而不可得，则拟为图以象之，图成而义显。凡位之先后秩序，物之轻重权衡，礼之恭逊文明，仁之忠厚恳至，义之时措从宜，智之文理密察，精粗、本末，昭然可见。……严陵赵彦肃，尝作《特牲》《少牢》二礼图。质诸先师，先师喜曰：'更得冠、昏图，及堂室制度并考之，乃为佳尔。'盖《仪礼》，原未有图，故先师欲与学者，考订以成之也。复今所图者，则高堂生十七篇之书也。厘为'家乡、邦国、王朝、丧祭礼'，则因先师《经传通解》之义例也。附《仪礼旁通图》于其后，则制度名物之总要也。"该书作图二百余幅，图之前后皆录取经文原文，又节取前儒旧说，疏通其意。该书以行礼时人物礼器的方位朝向为主，礼器宫室图稍显简略粗糙，且在图文编排上亦稍显无序及杂乱。但是，书中绝大部分图都能循经而绘，对后学颇有启发。更为重要的是，该书是较早的一部专门为《仪礼》所作的图，亦为较早的一部完整、系统的行礼方位图。杨复这种另辟蹊径研究《仪礼》的方法，确实令人耳目一新，亦足资后世学者的借鉴。

有元一代，经学衰落。这一时期较有代表性的礼图当推龚端礼所作之《五服图解》。该书篇幅较短，其中较为重要者为端礼所作之《五服八图》（即《本族之图》《外族之图》《嫁女为父族图》《鸡笼之图》《妻为夫家之图》《夫为妻家之图》《礼制六父十二母图》与《本族三殇之图》），此八图后有《易晓之图》一幅及丧服、丧冠等图若干。值得一提的是，该书的写作目的并不是单纯的图释五服，而是要将古代服制与元代实际相结合，制定出一套切实可行的服丧原则。该书五服标目总计一百九十二章，其中《通制》相同一百六十二章，《通制》不载三十章，此外还收录了一些与服制有关的断例，这种结构与内容的安排正是作者写作目的的直接体现。

明代，经学略有复兴，这一时期的礼图类著作当首推刘绩的《三礼图》。该书共有四卷，凡图二百余幅，主要是行礼所用的器物与车服，亦有五服图与宫室图若干，但并无行礼方位图。与聂氏图相较，刘绩增旧图所未备者七十余事，可补崇义之阙。可是，因明代距《仪礼》成书年代更远，而刘绩著书时主要依据的《宣和博古图》的学术严谨性亦存争议，故刘氏考绘之图未免遭到后世学者的质疑。但刘氏对前人旧说的抉择去取还是颇为谨严的，刘氏《三礼图》亦有其不容忽视的学术价值。

刘绩之后，黄佐著《泰泉乡礼》。该书凡七卷，首卷为序，举以乡礼之纲领；卷一至卷六分别记述了乡约、乡校、社仓、乡社、保甲五事。末以《士相见礼》及《投壶礼》《乡射礼》别为一卷附之，大抵皆简明切要，可见施行。而在此卷中，黄氏附有士相见受贽图、投壶图两幅，图中所绘鹿中、壶、算筹等栩栩如生，但人物与大部分礼器还是用文字表示，两图宫室方位亦极简略。

明亡清兴，礼学复兴，礼图类著作（或附图以研礼解礼的著作）亦随之有极大的发展，具体可详见下表：

作者	著作	附注
徐乾学 1631—1694	《读礼通考》	书中附五服图若干与列表相配合；五服的穿戴及所执的杖等；士丧礼[1]行礼方位图二十余幅；士虞礼方位图十余幅；宫室图约二十幅；礼器图若干（其中丧礼祭祀所用较多）
任启运 1670—1744	《朝庙宫室考附田赋考》	书中附有宫室图九幅
	《宫室考》	书中有北堂图，今定夫妇席前设馔图，更定饮酒礼宾位图，无筭爵图；射礼方位图；聘礼归宾馔饩图。有时附杨氏旧图用以批判
江　永 1681—1762	《深衣考误》	书中附有深衣图若干
	《乡党图考》	书中有宫室图三幅，宫室礼位图两幅，聘礼图四幅，圭璋璧琮束帛各一幅，服制差等表，服冕九章一幅，冕弁冠服一幅，衣裳图七幅，车轮座等图四幅，席图一幅
	《礼书纲目》	书中有深衣图七幅
沈　彤 1688—1752	《仪礼小疏》	书中附有室中、夫人、堂下兄弟哭位图各一幅
褚寅亮 1715—1790	《仪礼管见》	书中附有共牢设馔图与公食大夫陈馔图各一幅

---

[1]含《士丧礼》与《既夕礼》两篇。

续表1

作者	著作	附注
江　声 1721—1799	《尚书集注音疏》	书中附明堂寝宫图两幅可参考
戴　震 1724—1777	《考工记图》	书中附有礼器图与宫室图若干
程瑶田 1725—1814	《宗法小记》	书中附有宗法图若干
	《仪礼丧服文足征记》	书中附有丧服图若干
	《九谷考》	书中附有黍稷稻粱等图若干
	《释草小记》	书中附有若干经文涉及的草木之图
	《释虫小记》	书中附有若干经文涉及的昆虫之图
	《考工创物小记》	书中附有若干礼器图
	《地水小记》	书中有王畿都鄙等四幅图
金　榜 1735—1801	《礼笺》	书中附有礼器图若干
汪　中 1745—1794	《述学》	书中附有宫室图四幅，皆天子之宫室
孔广林 1745—1813后	《仪礼臆测》	书中附有宫室图一组（含郑玄旧说与孔氏改定图两部分）
孔广森 1752—1786	《礼学卮言》	书中附有宫室图四幅
孙星衍 1753—1818	《明堂考》	书中附有宫室图八幅，图中已经开始注意明堂王都周围的山川水脉
张惠言 1761—1802	《仪礼图》	凡六卷，图近三百幅。首卷为宫室与衣服，之后五卷按照《仪礼》经文篇次编排，其中绝大部分为行礼方位图，考绘皆甚为精慎，亦有五服图与少量丧器图
严　杰 1763—1843	《经义丛钞》	书中卷二十七有寝庙王城等宫室图六幅

续表 2

作者	著作	附注
焦循 1763—1820	《群经宫室图》	书中附有宫室图若干
阮元 1764—1849	《揅经室集》	书中卷三内有戟匕等六幅礼器图
洪颐煊 1765—1833	《礼经宫室答问》	书中附有宫室图八幅
陈奂 1786—1863	《毛诗说》	书中附有礼服图若干以及宫室图若干
吴嘉宾 1803—1864	《丧服会通说》	书中附有丧服图若干
邹汉勋 1805—1854	《读书偶识》	书中附有宫室图若干,天子宫室居多
郑珍 1806—1864	《仪礼私笺》	书中附有公食大夫礼正馔加馔图一幅,以及前人士昏礼对席图六幅
陈乔枞 1809—1869	《礼堂经说》	书中附有宫室图一幅
俞樾 1821—1907	《士昏礼对席图》	书中附有前人所绘士昏礼对席图六幅
	《群经平议》	书中附有宫室图若干,以及聘礼陈撰图一幅
黄以周 1828—1899	《礼书通故》	凡五十卷,后三卷中有服制表,丧服表,三百余幅礼器图,二十四幅宫室图,以及按照《仪礼》经文篇次编排的近二百幅行礼方位图
吴之英 1857—1918	《寿栎庐仪礼奭固礼器图》	宫室图三幅,为立体复原图,形象生动,栩栩如生,以及近四百幅礼器图,画工十分精湛,随图附有较为详细的考释
	《寿栎庐仪礼奭固礼事图》	书中有按照《仪礼》经文编排的近四百幅行礼方位图,十分详尽,且其中有很多涉及行礼时的变例,但标示宫室方位却过于简略,使人阅读时颇感不便,方位朝向也有待考证

续表3

作者	著作	附注
张锡恭 1858—1924	《丧服郑氏学》	书最末附有深衣图六幅
于鬯 约1862—1919	《读仪礼日记》	书中附有射侯图若干
曹元弼 1867—1953	《礼经学》	书中附有七幅宫室图，二十余幅礼服图，及丧服表若干
盛世佐[1]	《仪礼集编》	书中附有今定夫妇席前设馔图，北堂图，一组乡饮酒礼宾位图，无筭爵图，射礼方位图。多为批判杨氏图之误
林乔荫[2]	《三礼陈数求义》	书凡三十卷，内附宫室图，宗法图，服制表若干
林颐山[3]	《经述》	书中附有深衣图一组（含江氏图，有对比之意）

由上表可知，以图释礼已经成为清代礼家所经常使用的一种手段。而且，这一时期礼图的质量也高于前代。其中最值得一提的是张惠言所作的《仪礼图》。张氏图凡三百余幅，首卷先明宫室服制，再依经文次序绘制礼器及礼者的方位朝向，图中常有自注，若图不能释则别立列表以明其义。《四库全书总目提要》赞之曰："（张氏图所绘）礼之诸仪诸节皆清晰不淆，宛如亲临其境……（使读者将）进退揖让之节，了然于心目间。惠言之图，要比宋人杨复《仪礼图》粲然毕备，详明易览。案《仪礼》一经，久成绝学，惠言能研究钩贯，条理秩然，实不愧通达穷经之绪。"

---

[1] 生卒年不详，但当为乾隆年间进士。
[2] 生卒年不详，但当为乾隆年间举人。
[3] 生卒年不详，但当为光绪年间进士。

近代至今，礼图不兴，及至今日，亦未有系统完备的礼仪图问世。

自汉至清，千余年间，礼图类著述虽不乏佳作，但因历史条件的局限，也有一些无法避免的缺憾。首先，古图中的礼器宫室皆为礼家绘制，因而有时会与实物存在较大的差异。如《仪礼》中经常提及的"柶"，聂崇义、吴之英皆因《说文解字》（下文简称《说文》）之释将其绘为匕状，这与事实是不相符的。再如，经中庙群的布局问题，历来皆有"一"字形与"品"字形两种观点，杨复、江永、陈奂、盛世佐等悉从贾公彦《仪礼疏》绘为"一"字形，皆与马家庄秦宫庙遗址相悖。其次，古图中的方位图皆以文字的方向表明器物或与礼者的朝向，这使得读者在阅读的过程中，不得不反复掉转书本的方向，甚为不便。而且，图中的人与物都以文字写明，不加区分，较为占用空间，在表现一些空间范围较小但礼器众多、人员密集的礼仪时，显得十分吃力，在表现人物的行进路线与行礼动作上也力有不逮。最后，前人方位图中，鲜有经义的说明，这使得方位图成为了一种单纯的考据性著作。读者看图，但能知晓人物礼位之制与礼器陈设之法而不能知其缘故。礼仪，其实更多的是一种精神上的文明。《仪礼》中，行礼时的陈设朝向与揖让进退间无不体现着先人对天人关系、社会关系、自身问题的思考与解答。故不能在方位图中辅之以相关经义，而仅关注于烦琐的礼制仪节，此亦古代礼图的一大遗憾。

近年来，笔者充分汲取近三十年学术界相关研究成果，在尊重借鉴前人图谱的基础上，新制仪礼图，以补前图之憾，陆续出版《新编仪礼图之方位图·吉礼卷》《新编仪礼图之方位图·凶礼卷》《新编仪礼图之方位图·宾礼卷》《新编仪礼图之方位图·嘉礼卷（上）》

与《新编仪礼图之方位图·嘉礼卷（下）》等五本著作，受到了读者的好评。但在《新编仪礼图之方位图》五卷出版后的几年之中，有不止一位读者反馈，此五本书所绘为仪节图，对行礼中的名物部分涉及较少，仅在仪节图内绘制宫室简图，后附礼器表以文字说明的形式加以解释，不免有些缺憾。故，笔者又作本书，力图将《仪礼》中之宫室、礼服、礼器以一种更加直观的形式展现出来。

本书为《新编仪礼图之名物图》，分为《宫室卷》《礼服卷》《礼器卷》三卷。其内容均为《仪礼》书中所涉及的宫室、礼服与礼器，均为五代至清，历代礼家所绘之图。每卷后还会附有历代礼家相关礼图列表，以供有需要的读者做进一步的查询。

最后特别要提出的是，《仪礼》中有一些礼器，如"圭""璧""鼎""豆""磬"等因考古发掘较多，人们较为熟悉，故于本书中不再附图展示。

目 录

宫室卷 ·················· 1
天子宫室 ··············· 3
 庙寝 ····················· 3
 朝 ························ 9
 庙 ······················· 18
 寝 ······················· 21
 其他 ···················· 26
诸侯宫室 ·············· 29
 庙寝 ···················· 29
 朝 ······················· 31
 庙 ······················· 34
 寝 ······················· 41
 其他 ···················· 43
大夫宫室 ·············· 44
 庙寝 ···················· 44
 朝 ······················· 47
 庙 ······················· 48
 寝 ······················· 51

 五架 ···················· 52
 其他 ···················· 55
士宫室 ················· 62
 庙 ······················· 62
 寝 ······················· 65
 堂上 ···················· 70
庠 ························ 73
序 ························ 74
坛墠 ····················· 76
次 ························ 79
倚庐 ····················· 83
其他 ····················· 84
 附表一 ················· 87
 附表二 ················· 89

礼服卷 ················ 109
吉服 ···················· 111
 冕服 ··················· 111

朝服……………128
　　玄端……………129
　　皮弁……………131
　　爵弁……………133
　　祎衣……………134
　　宵衣……………136
　　褖衣……………137
　　童子服…………139
　　其他……………140
冠冕…………………143
　　冕………………143
　　委貌冠…………145
　　缁布冠…………148
　　皮弁……………151
　　爵弁……………153
　　其他……………155
丧服…………………157
　　衣裳……………157
　　妇人……………163
　　明衣……………164
　　其他……………165

　　附表一…………172
　　附表二…………177

礼器卷………………203
玉……………………205
　　方明……………205
　　缫………………206
竹……………………209
射……………………217
　　侯………………217
　　中………………227
　　楅………………230
　　其他……………232
旗……………………234
酒……………………239
乐……………………243
车……………………247
其他…………………250
　　附表一…………254
　　附表二…………268

宫室卷

天子宫室

庙 寝

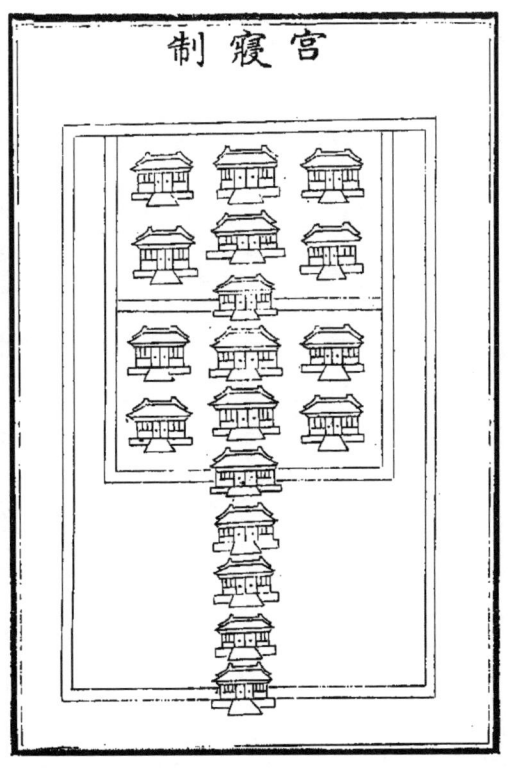

聂崇义《宫寝制》图

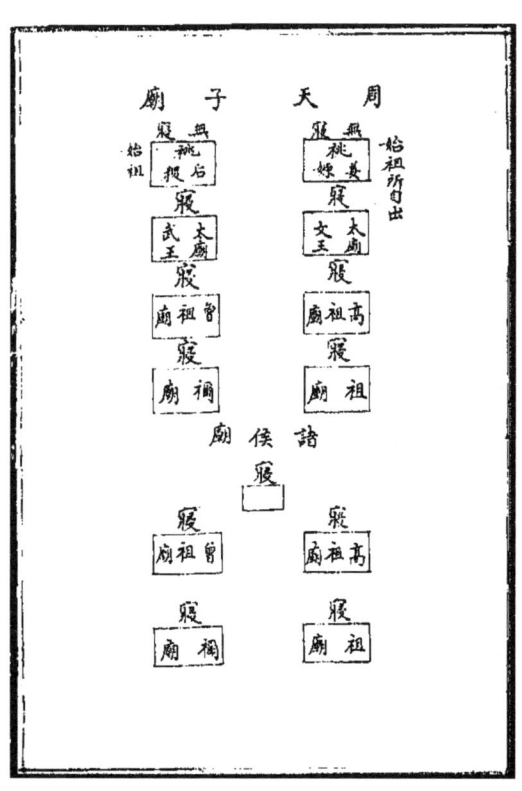

刘绩《天子诸侯庙寝图》

任启运《天子三朝五门庙社全图》

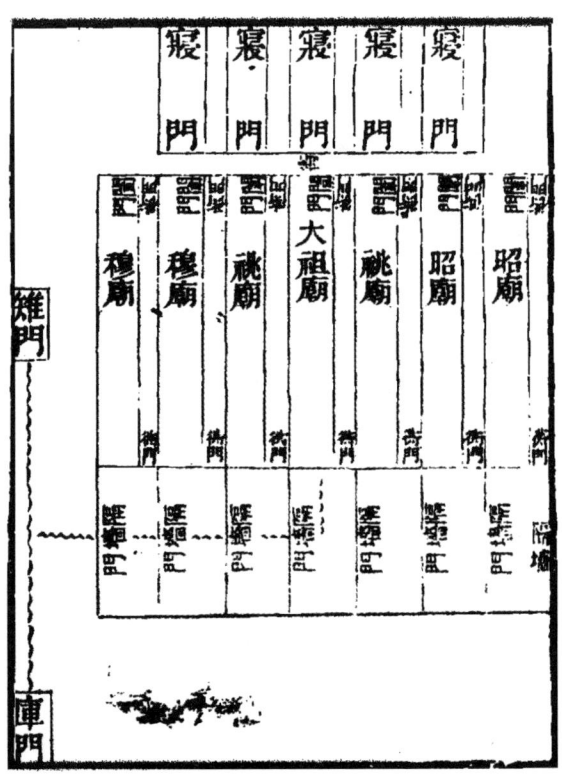

洪颐煊《七庙寝门图》

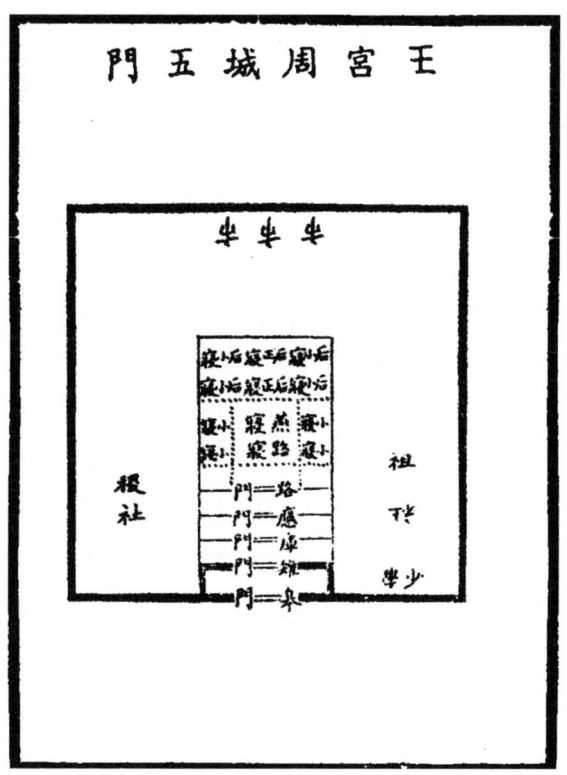

黄以周《王宫周城五门》图

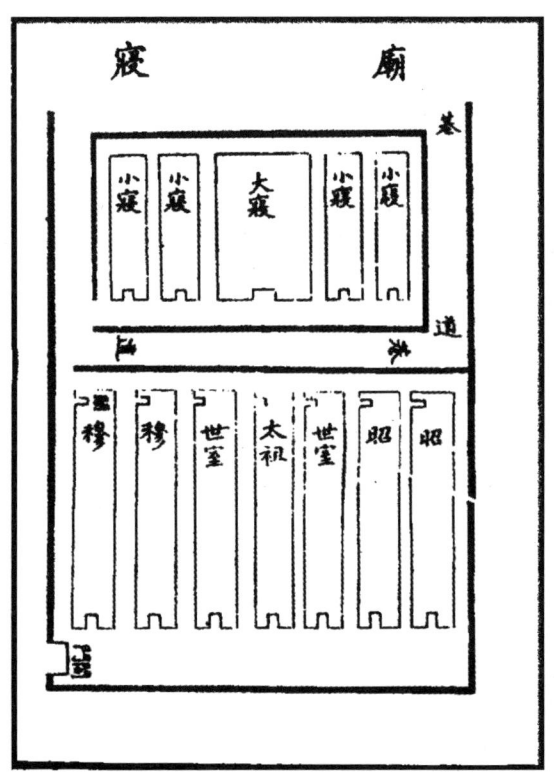

黄以周《庙寝》图

朝

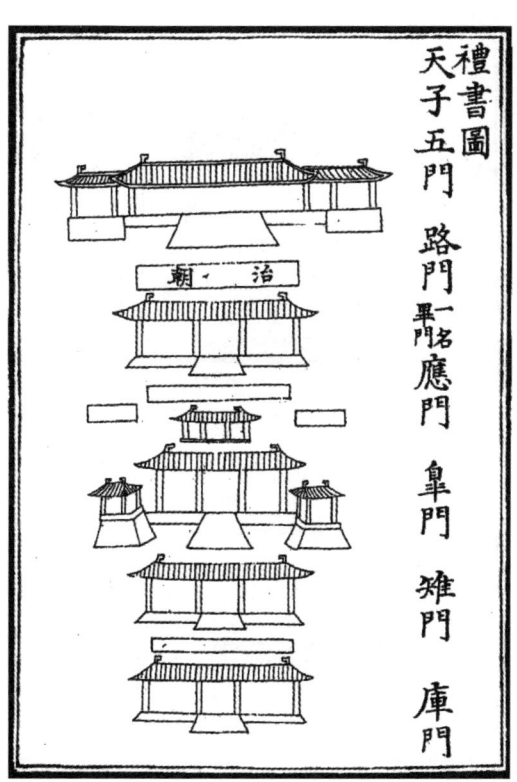

陈祥道《天子五门》图

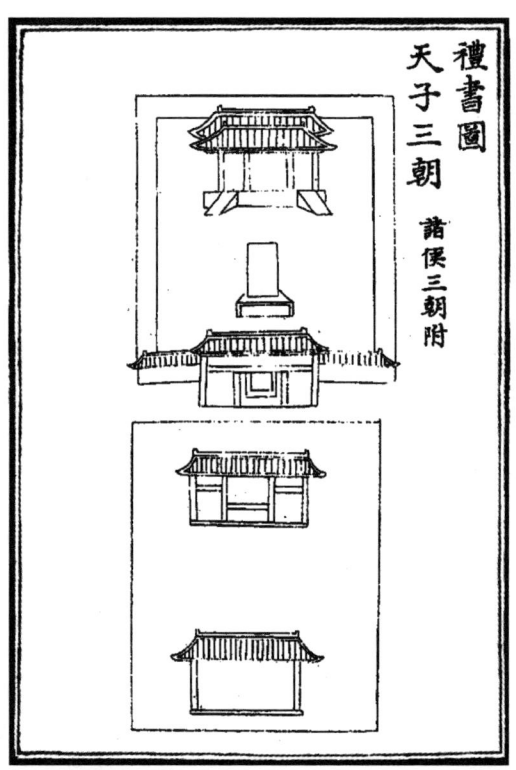

陈祥道《天子三朝》图

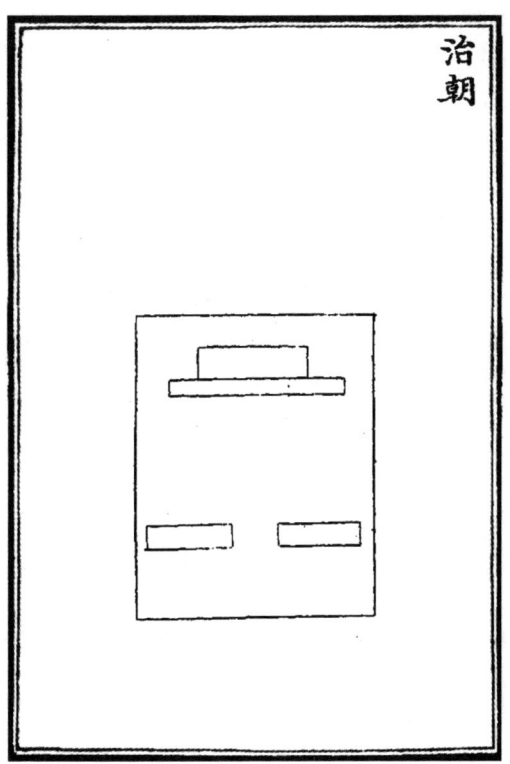

陈祥道《治朝》图

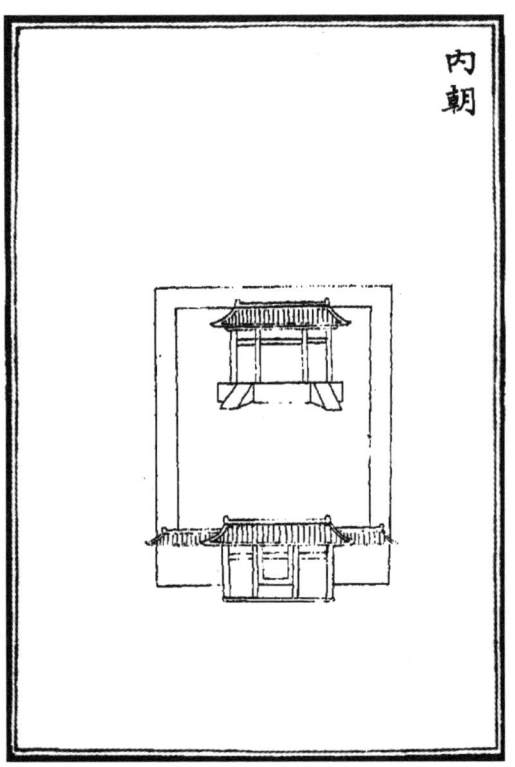

陈祥道《内朝》图

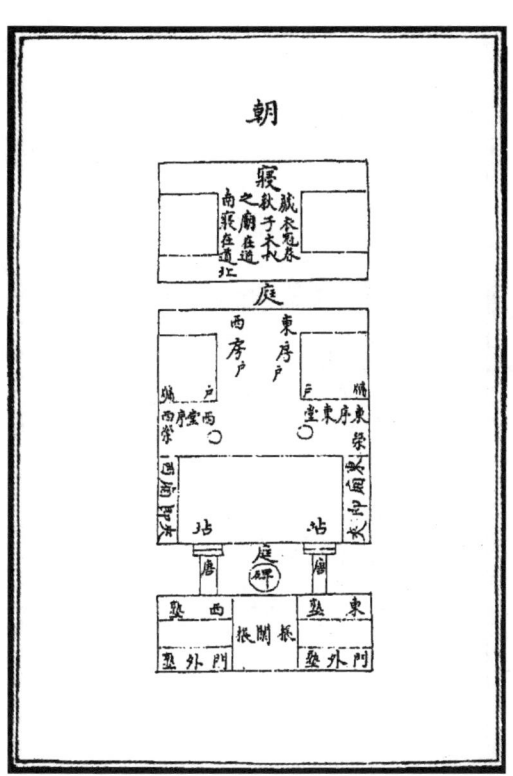

刘绩《朝》图

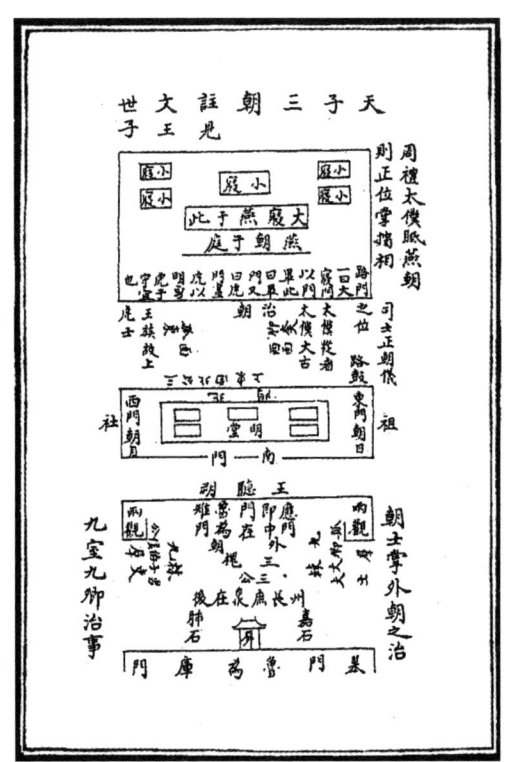

刘绩《天子三朝》图

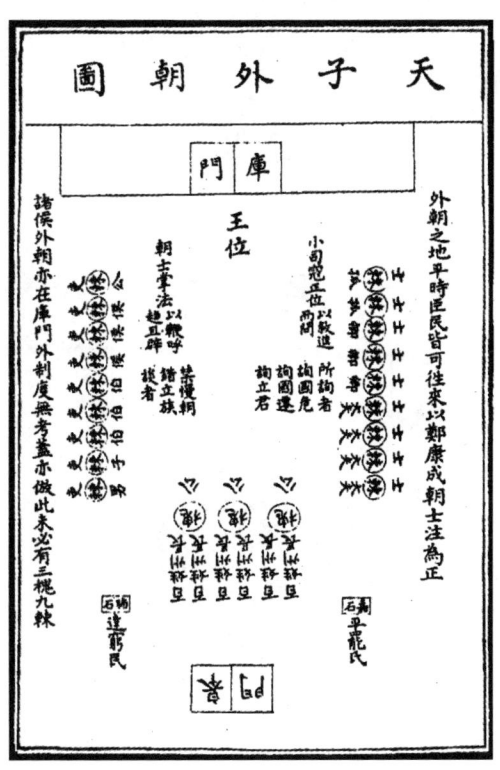

江永《天子外朝图》

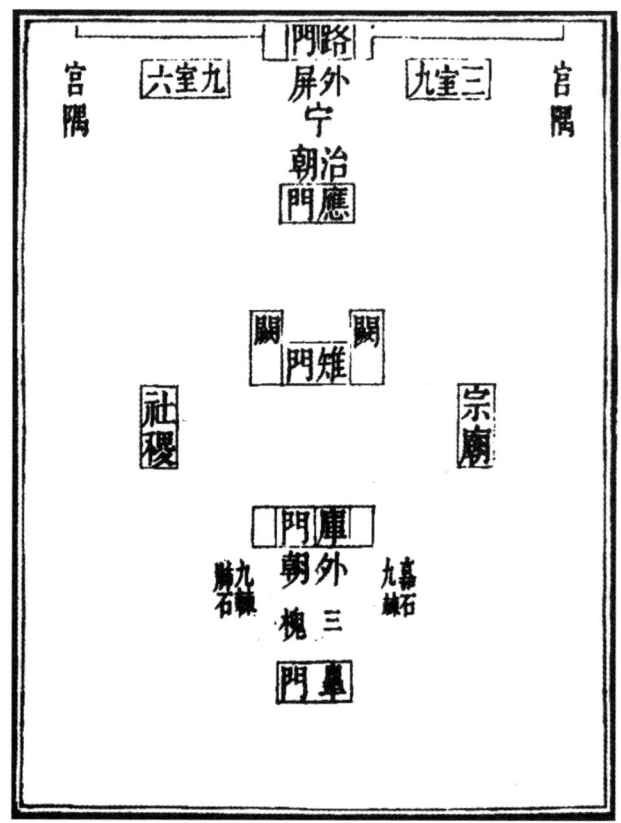

洪颐煊《五门三朝图》

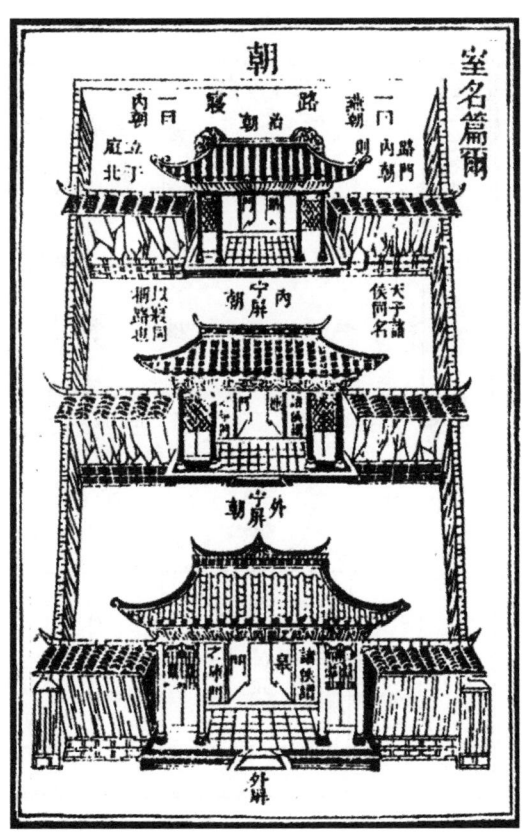

吴之英《朝》图

庙

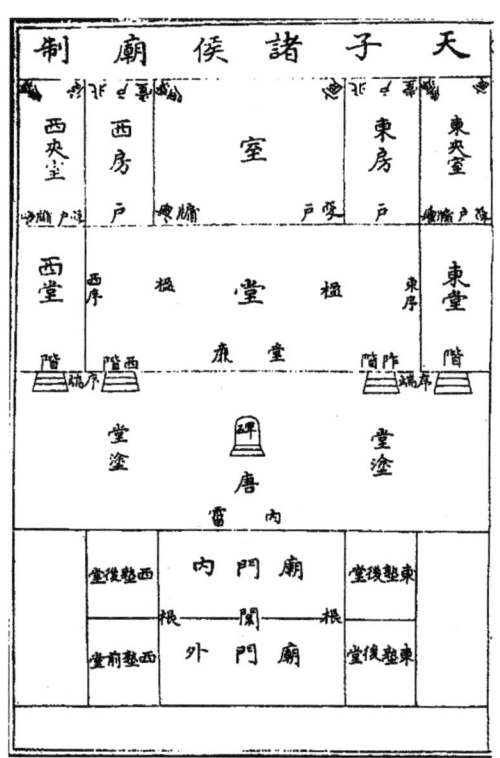

徐乾学《天子诸侯庙制》图

任启运《天子七庙都宫门道图》

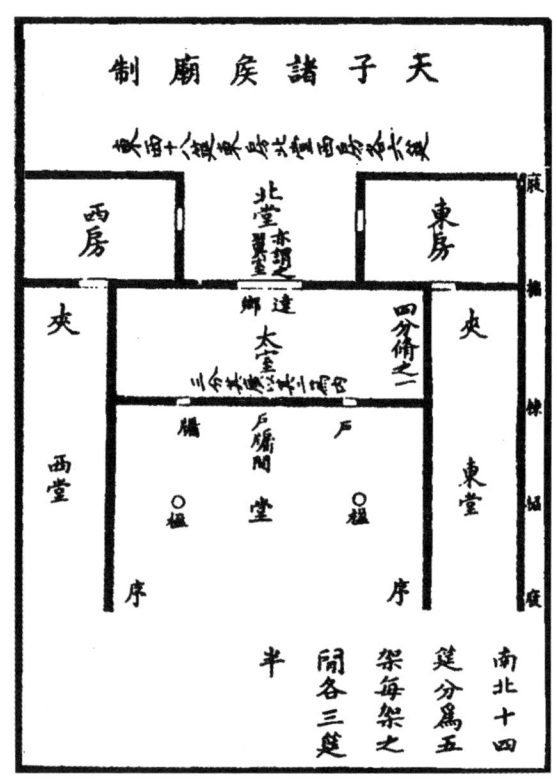

黄以周《天子诸侯庙制》图

寝

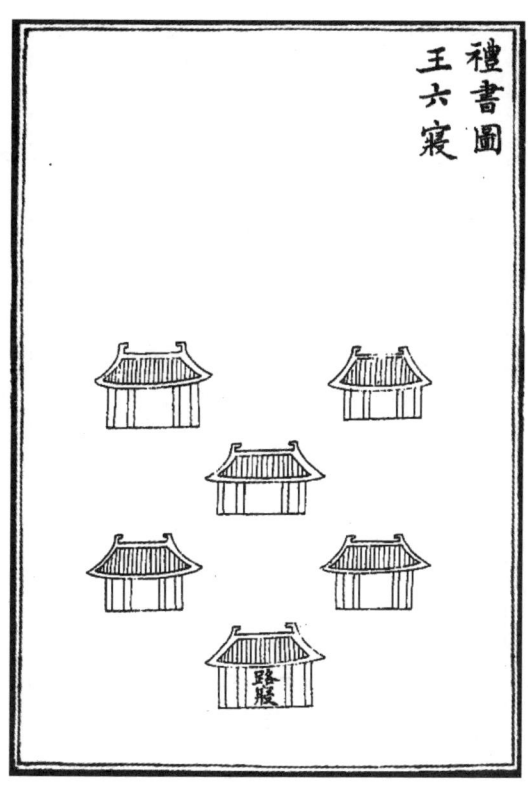

陈祥道《王六寝》图

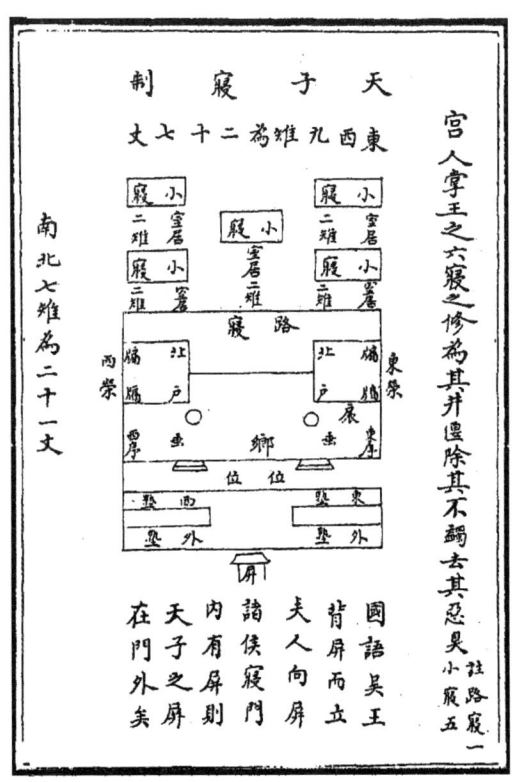

刘绩《天子寝制》图

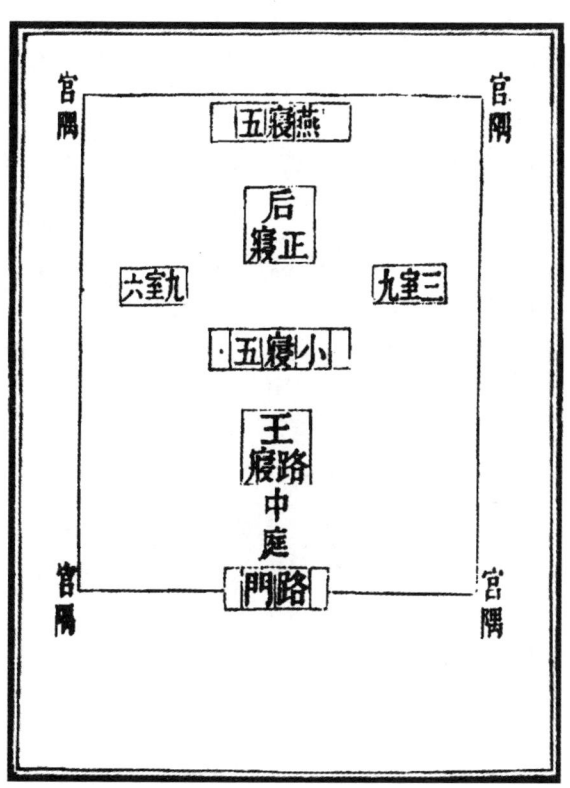

洪颐煊《天子寝室图》

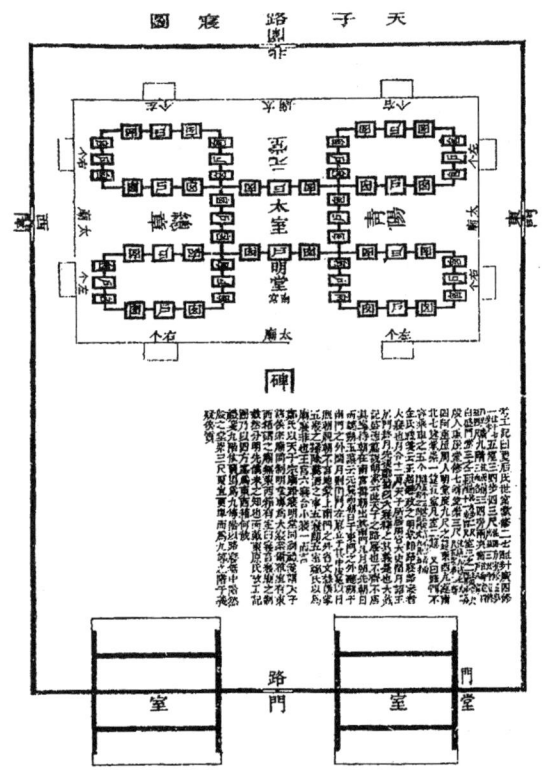

张惠言《天子路寝图》

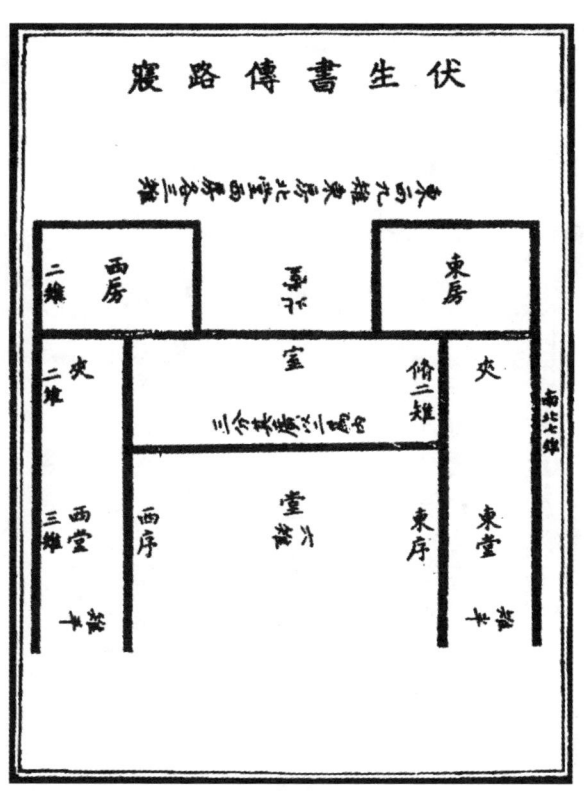

黄以周《伏生书传路寝》图

其 他

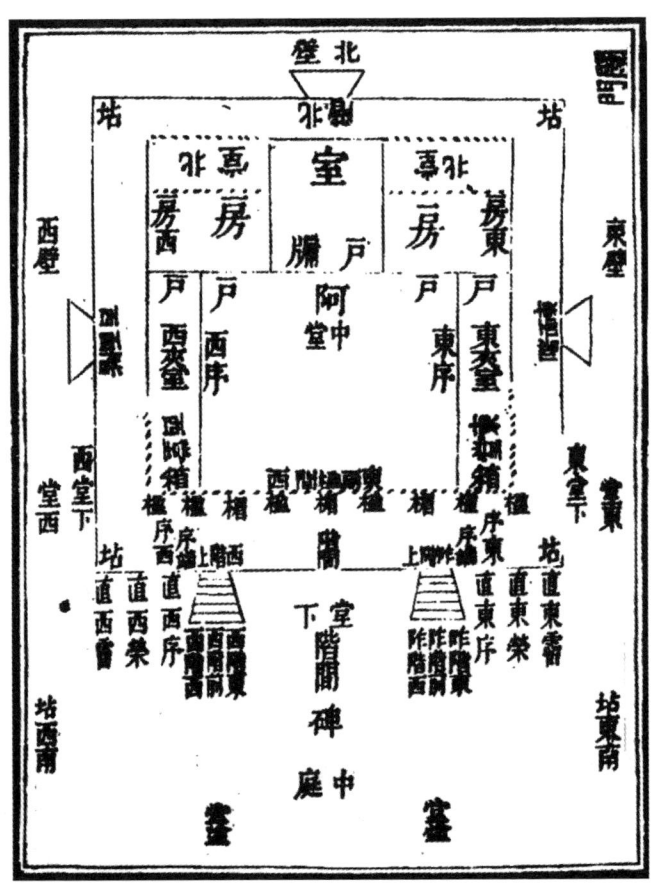

洪颐煊《宗庙堂上图》

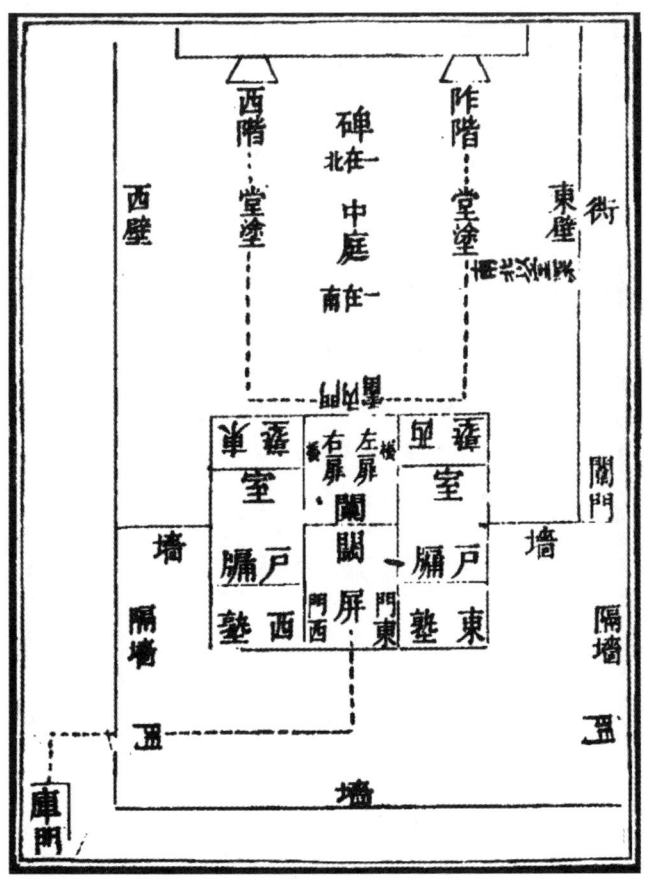

洪颐煊《宗庙堂下图》

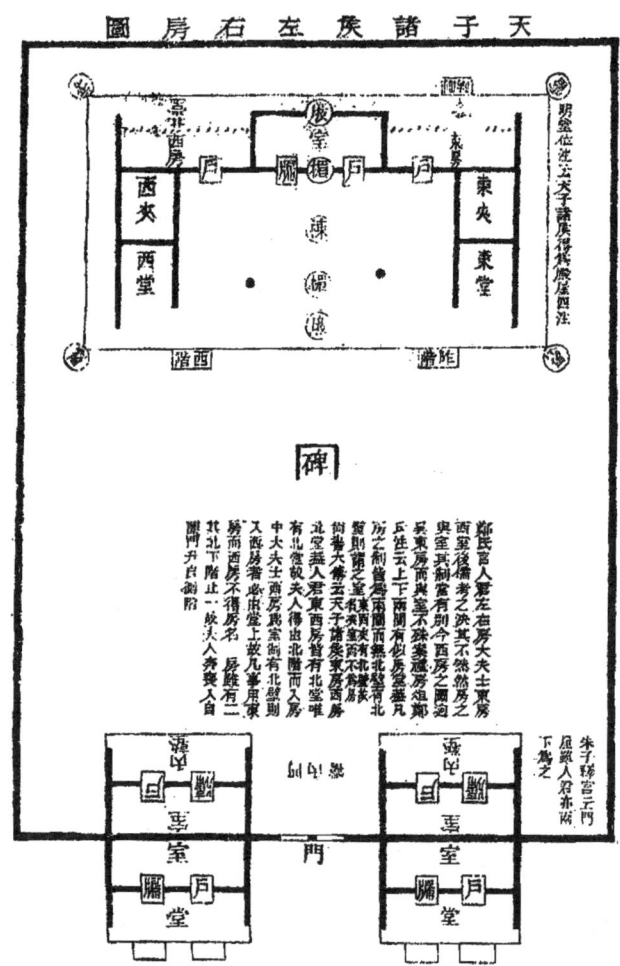

张惠言《天子诸侯左右房图》

诸侯宫室

庙 寝

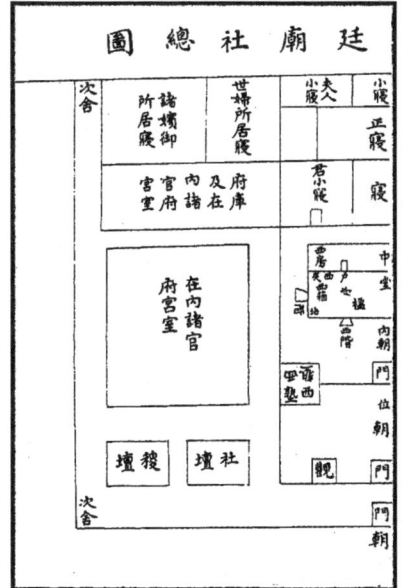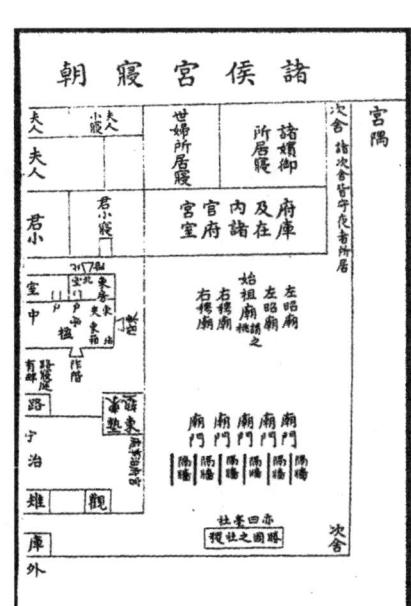

江永《诸侯宫寝朝廷庙社总图》

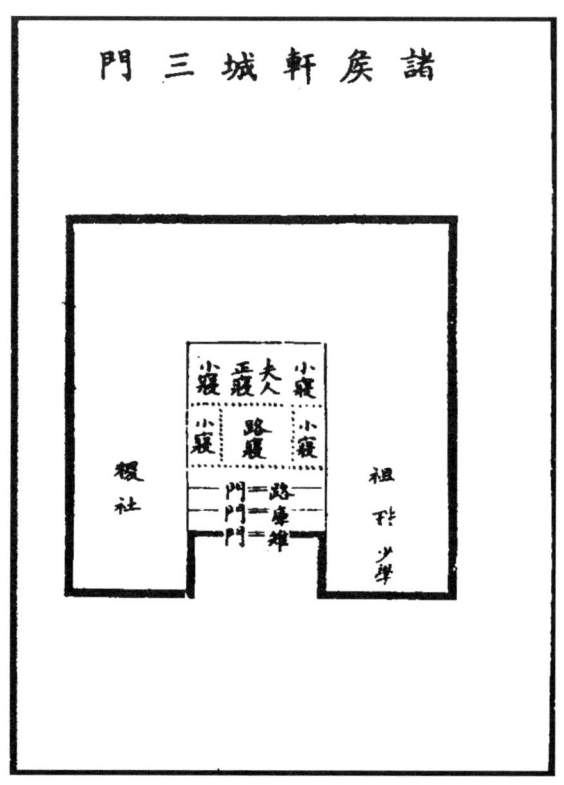

黄以周《诸侯轩城三门》图

朝

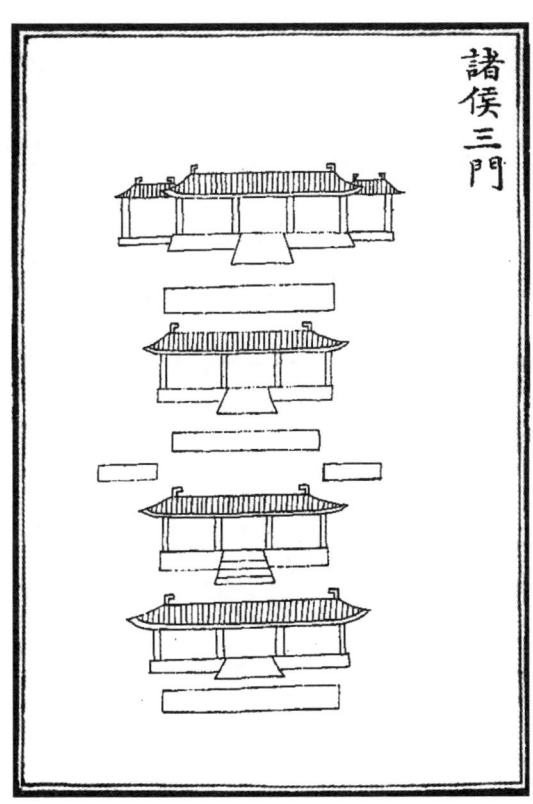

陈祥道《诸侯三门》图

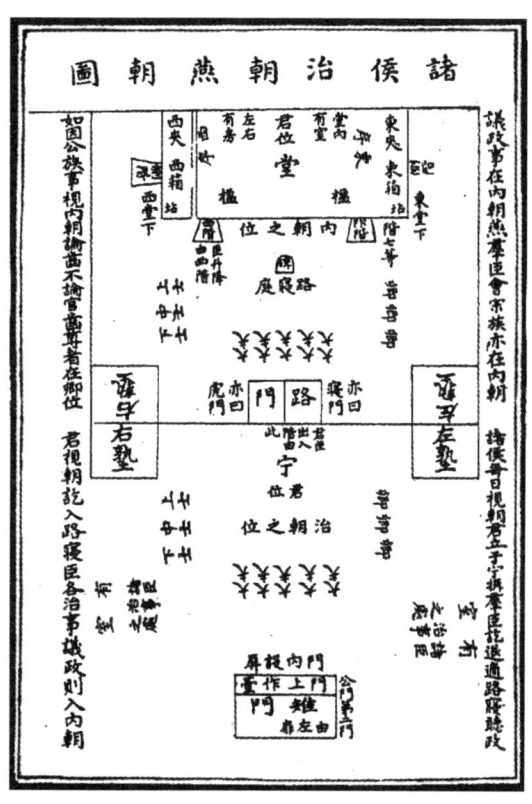

江永《诸侯治朝燕朝图》

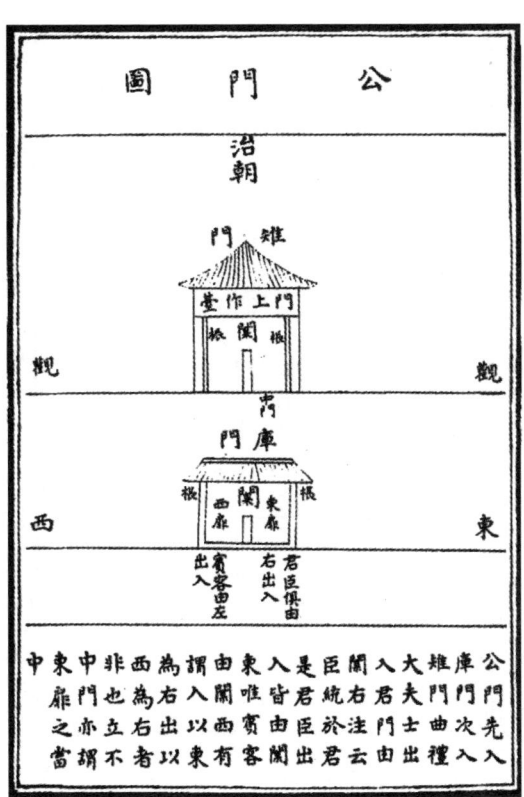

江永《公门图》

庙

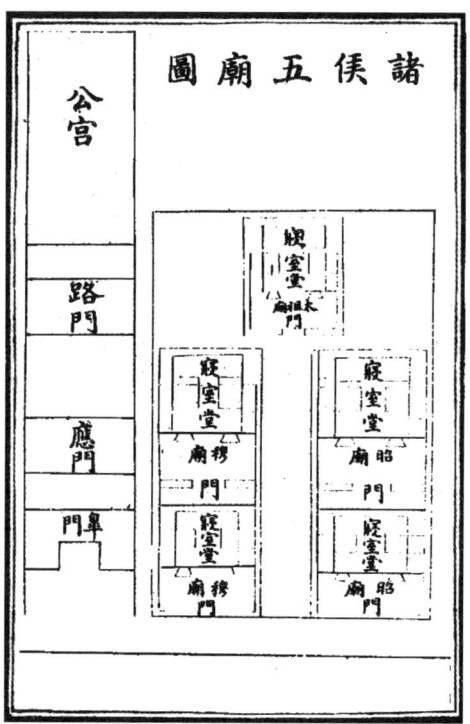

杨复《诸侯五庙图》

路寢	賈疏諸侯五廟之圖	
路門	寢室堂穆廟門　寢室堂穆廟門　寢室堂太祖廟門　寢室堂昭廟門　寢室堂昭廟門	
應門	隔墻死絕　隔墻死絕　隔墻死絕　隔墻死絕　隔墻死絕	
皋門	隔墻中央通門若然則祖廟已西隔墻亦有三門門中則相遍入太祖廟門乃至閣門經三門相中則以每門皆有曲楫即相故每曲楫	門兩邊皆有南北隔墻諸侯居中二昭居東二穆居西皆別有門外門入大門左宗廟右社稷每曲揖詣應門每門揖曰諸侯大門內公揖入每其間得中門其門即至廟大門外毎曲揖公揖入廟則應皇門為三聘禮公皮弁迎賓于
大門外		

杨复《贾疏诸侯五庙之图》

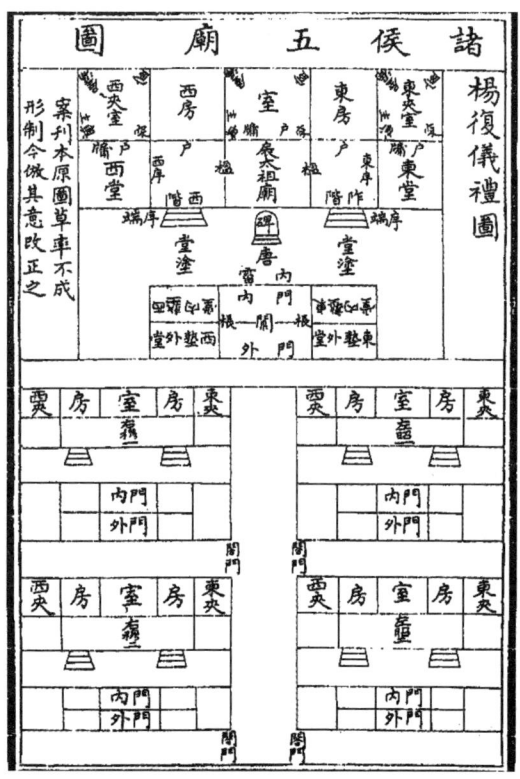

徐乾学《诸侯五庙图》

任启运《诸侯五庙都宫门道图》

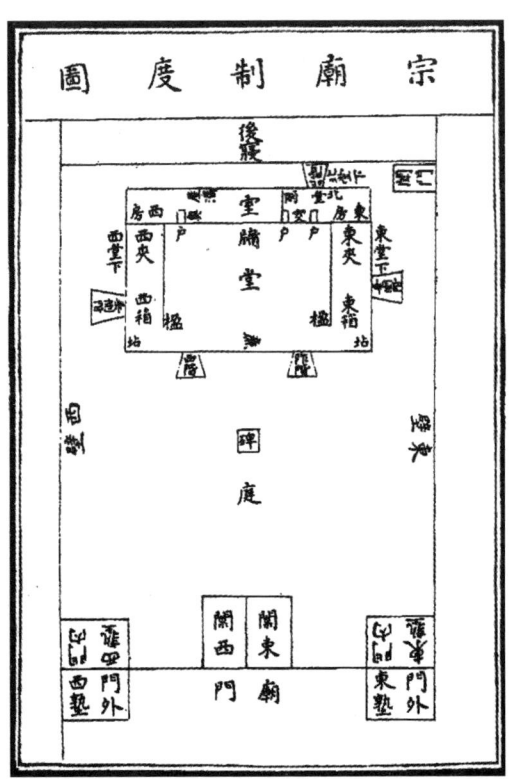

江永《宗庙制度图》

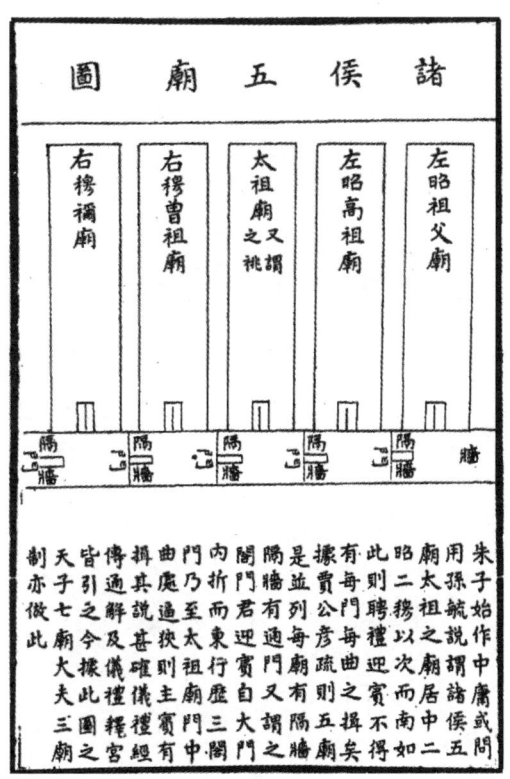

江永《诸侯五庙图》

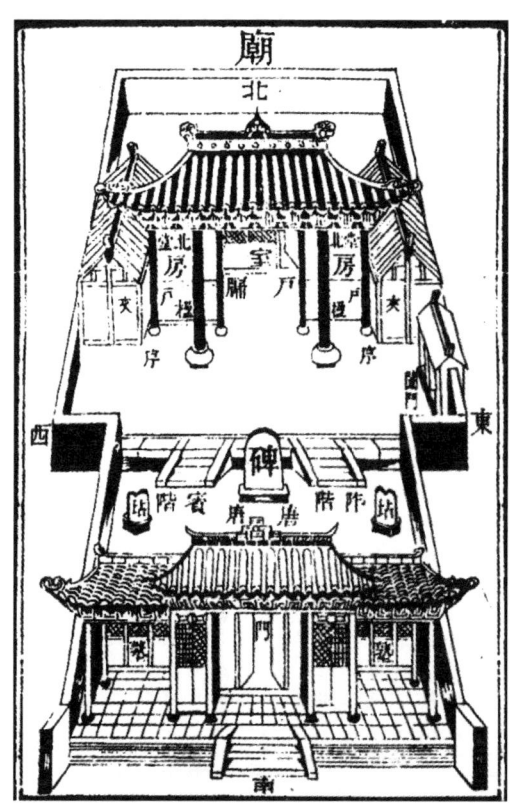

吴之英《庙》图

寝

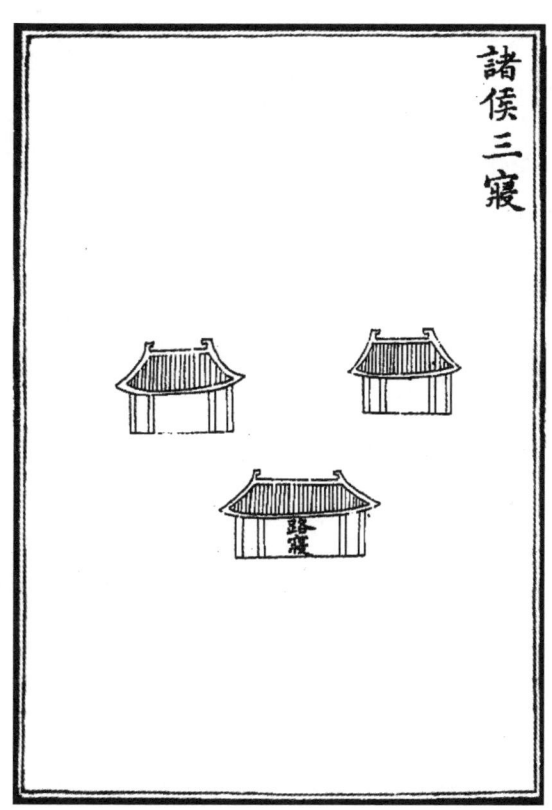

陈祥道《诸侯三寝》图

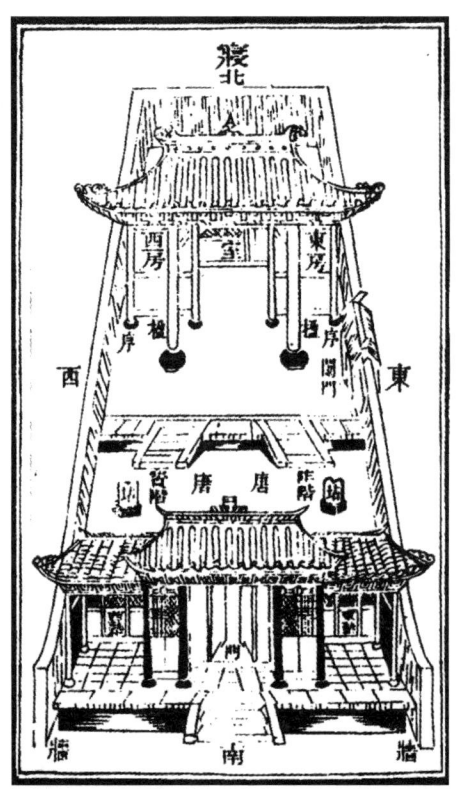

吴之英《寝》图

其他

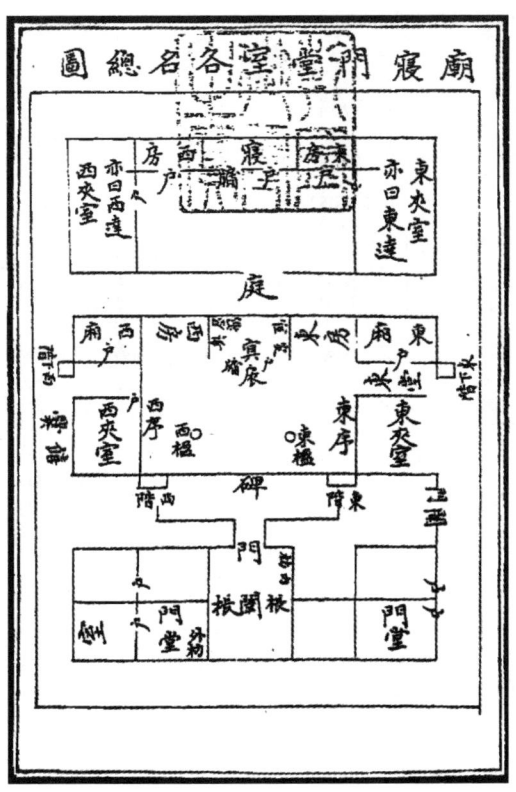

任启运《庙寝门堂室各名总图》

大夫宫室

庙寝

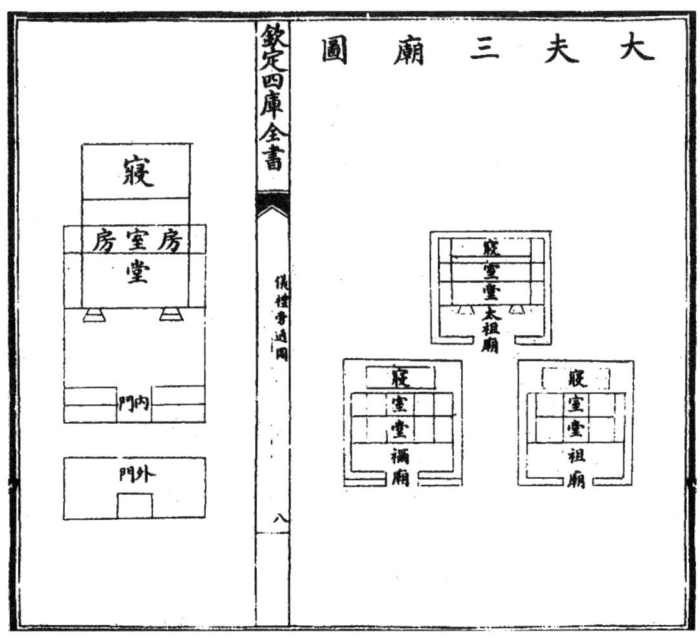

杨复《大夫三庙图》

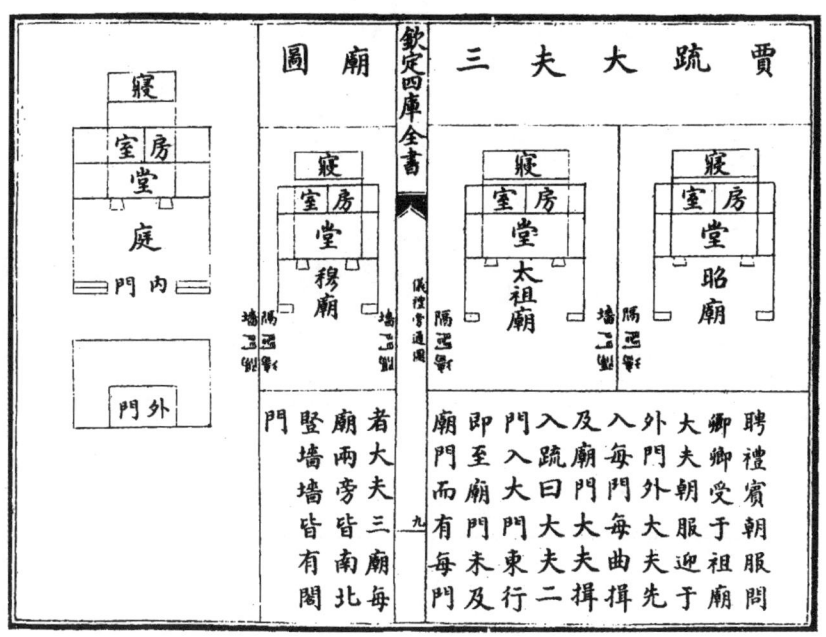

杨复《贾疏大夫三庙图》

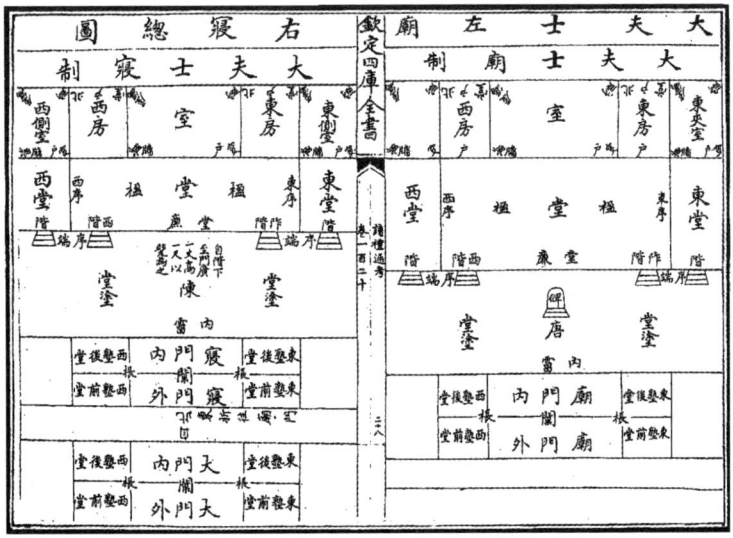

徐乾学《大夫士左庙右寝总图》

朝

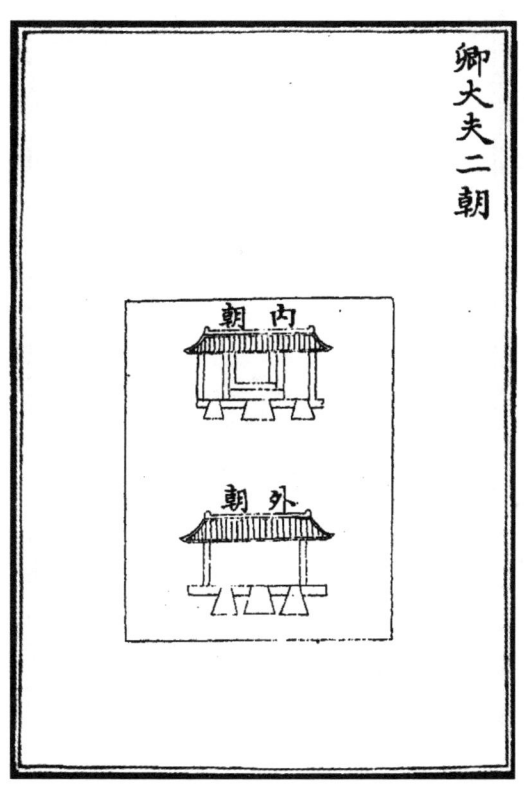

陈祥道《卿大夫二朝》图

庙

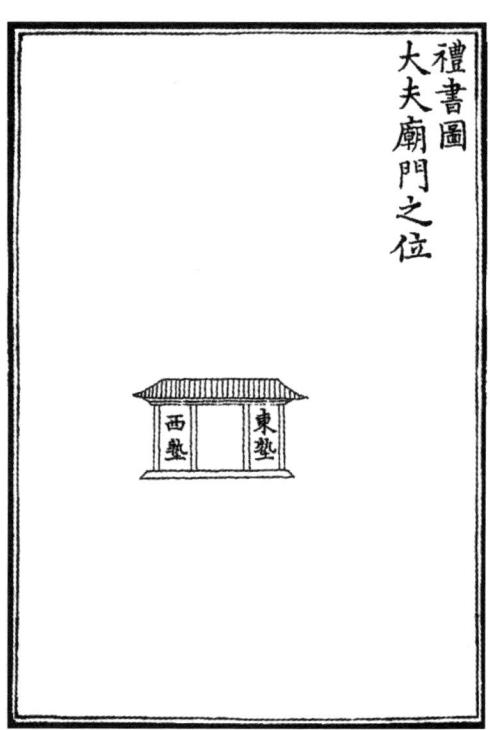

陈祥道《大夫庙门之位》图

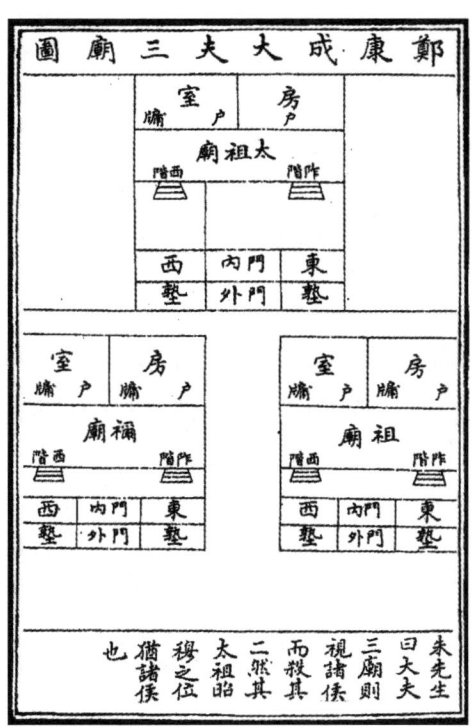

徐乾学《郑康成大夫三庙图》

賈公彥大夫三廟圖						
室牖戶	房戶	室牖戶	房戶	室牖戶	房戶	
穆廟扁禮卽		太祖廟		昭廟扁禮卽		
西階 阼階		西階 阼階		西階 阼階		
西塾	內門 東塾	西塾	內門 東塾	西塾	內門 東塾	
	外門		外門		外門	
			閾門		閾門	

聘禮賓朝服問卿卿受于祖廟大夫朝服迎于外門外大夫先入每門每曲揖及廟門大夫揖入疏曰大夫二門入大門東行卽至廟門未及廟門向有每門者大夫三廟每廟兩旁皆南北鑿牆牆守有閾門

徐乾学《贾公彦大夫三庙图》

寝

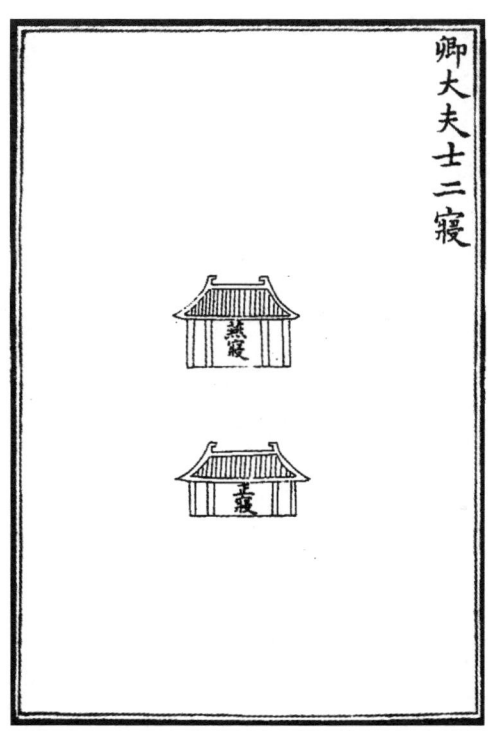

陈祥道《卿大夫士二寝》图

五 架

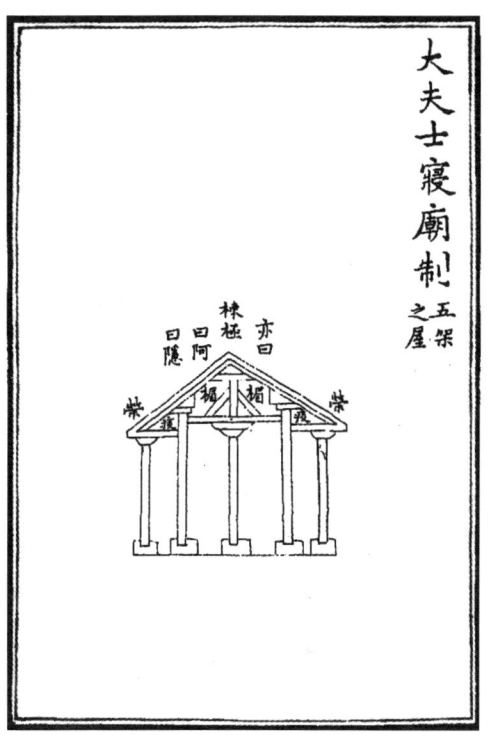

陈祥道《大夫士寝庙制（五架之屋）》图

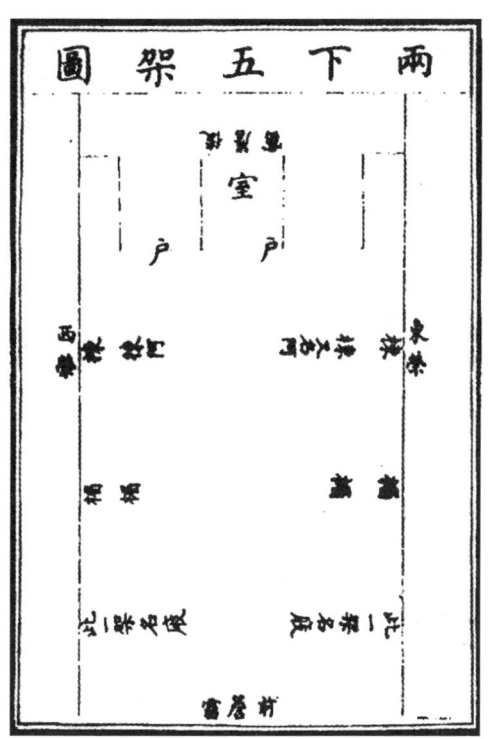

杨复《两下五架图》

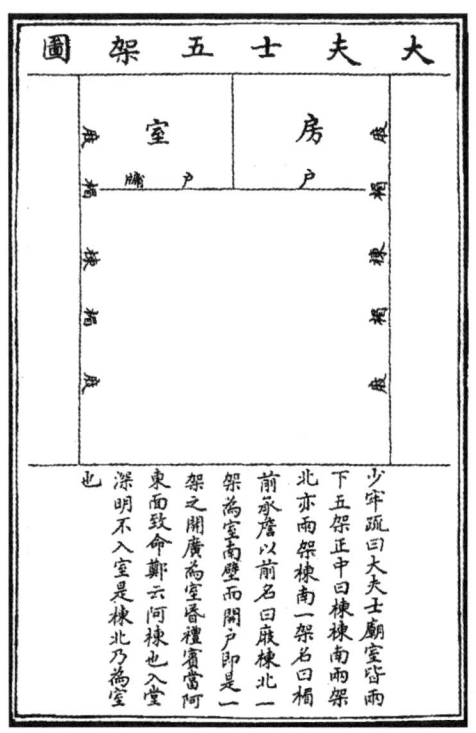

徐乾学《大夫士五架图》

其 他

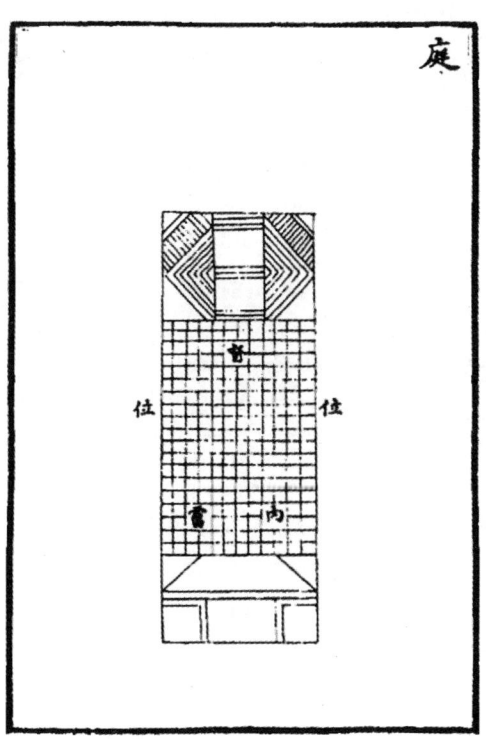

陈祥道《庭》图

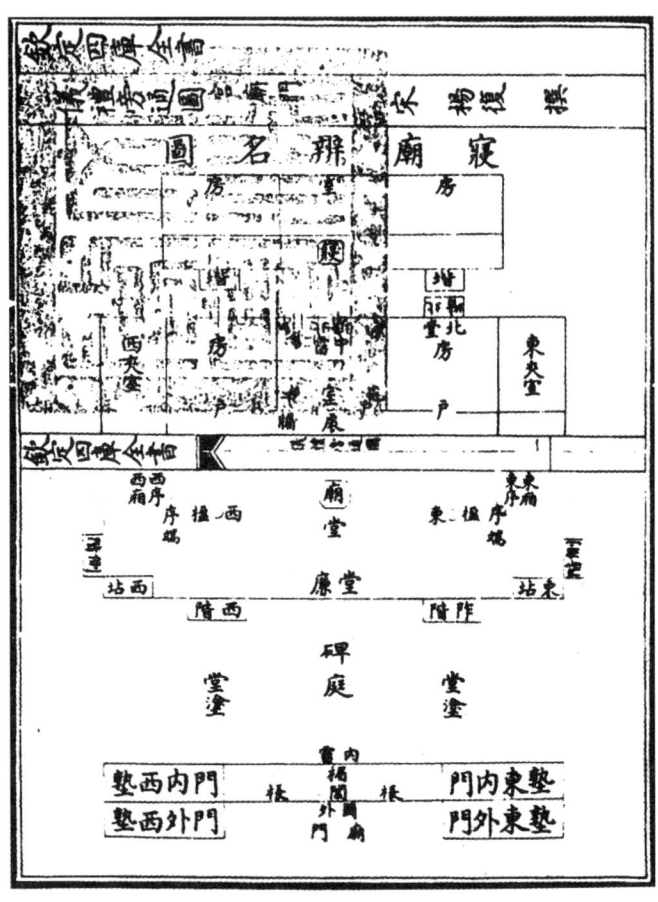

杨复《寝庙辨名图》

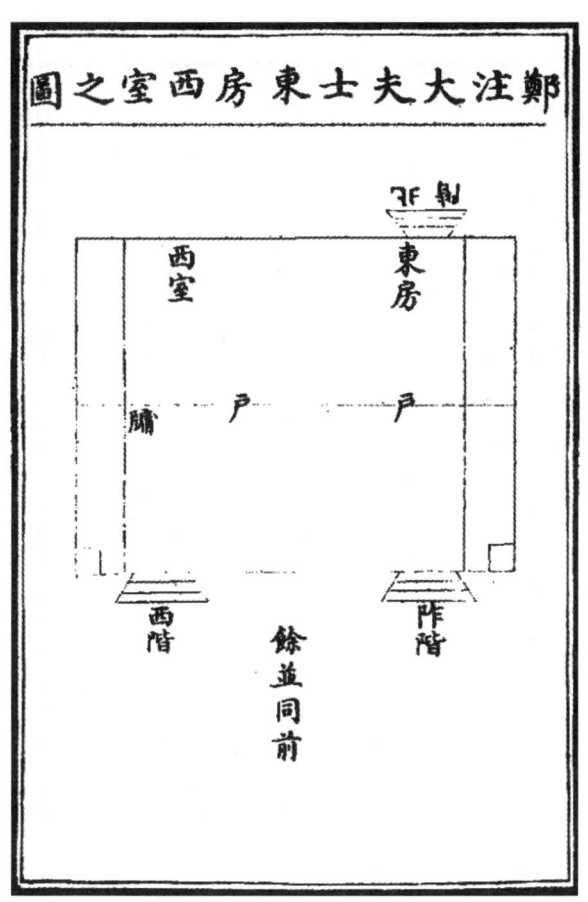

杨复《郑注大夫士东房西室之图》

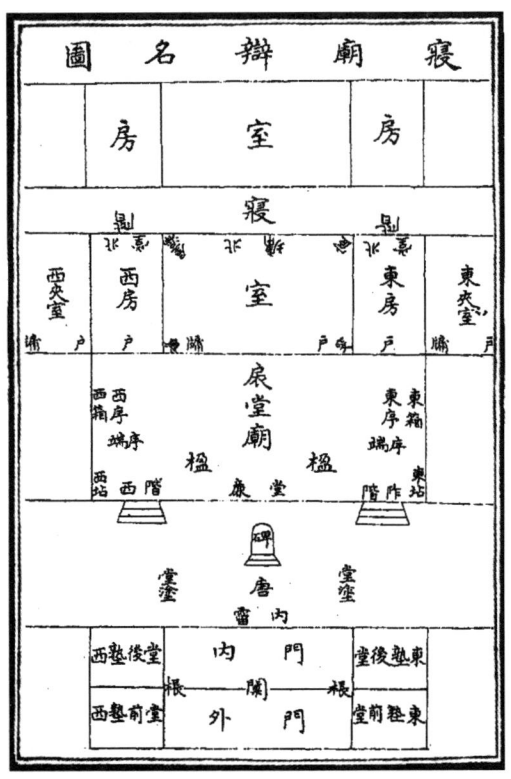

徐乾学《寝庙辩名图》

```
圖之室西房東士夫大
    ┌─────────────┬─────────────┐
    │             │         牖北│
    │    西       │    東        │
    │    室       │    房        │
    │         牖戶│         戶    │
    ├─────────────┴─────────────┤
    │                           │
    │           堂               │
    │                           │
    │     階西          階阼     │
    ├───────────────────────────┤
    │寢廟辨名已見前圖鄭注謂      │
    │天子諸侯有左右房大夫士      │
    │惟有東房西室故別圖以見      │
    │之案陳祥道云鄉飲酒籩豆      │
    │五腥出自左房鄉射記邊豆      │
    │出自東房鄉射寧骨薦脯醢      │
    │由左房鄉禮其言皆相類蓋言    │
    │射諸侯禮其言皆相類蓋大      │
    │左以有右言東以有西則大      │
    │夫士之房室與天子諸侯同      │
    │可知鄭氏謂大夫士無西房      │
    │恐未然也                    │
    └───────────────────────────┘
```

徐乾学《大夫士东房西室之图》

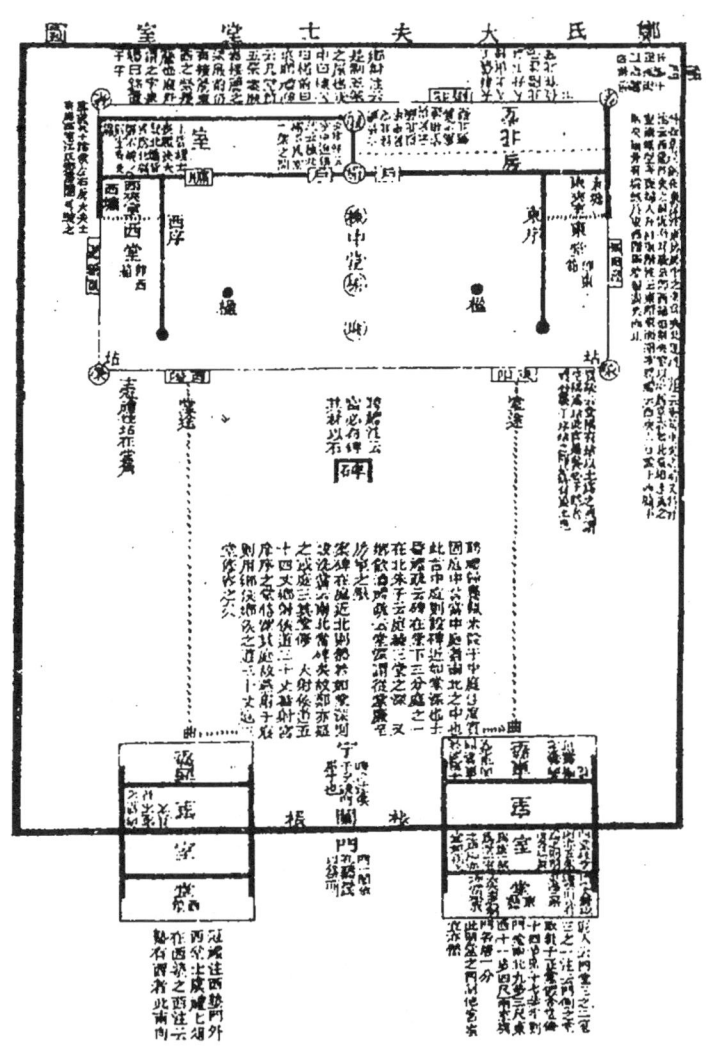

张惠言《郑氏大夫士堂室图》

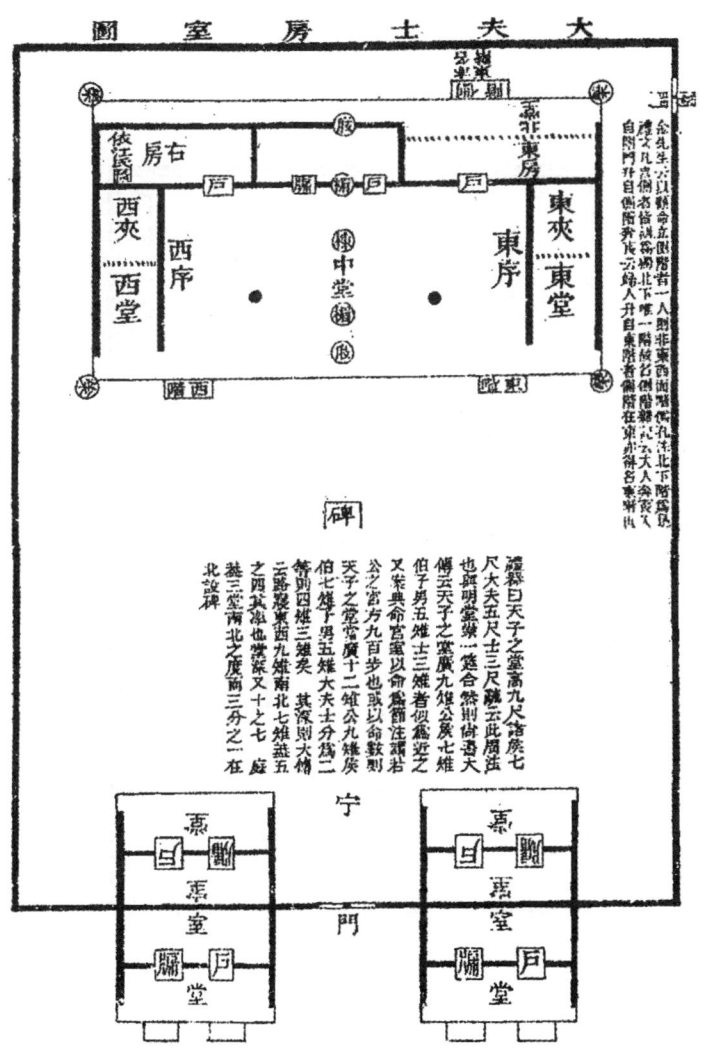

张惠言《大夫士房室图》

士宫室

庙

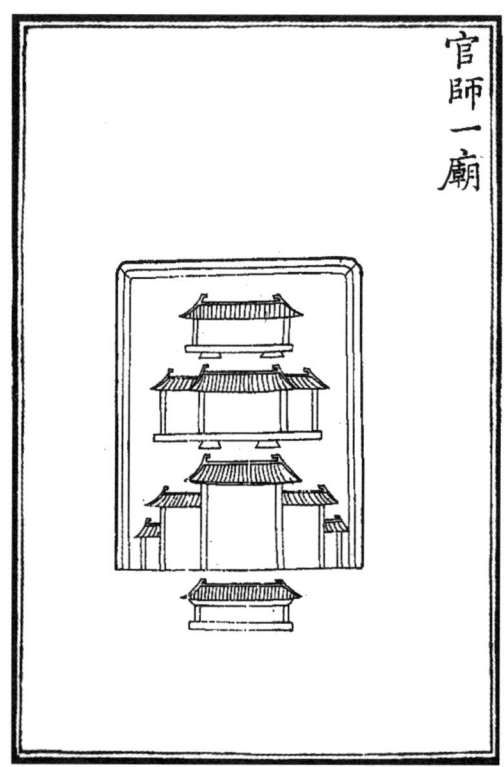

陈祥道《官师一庙》图

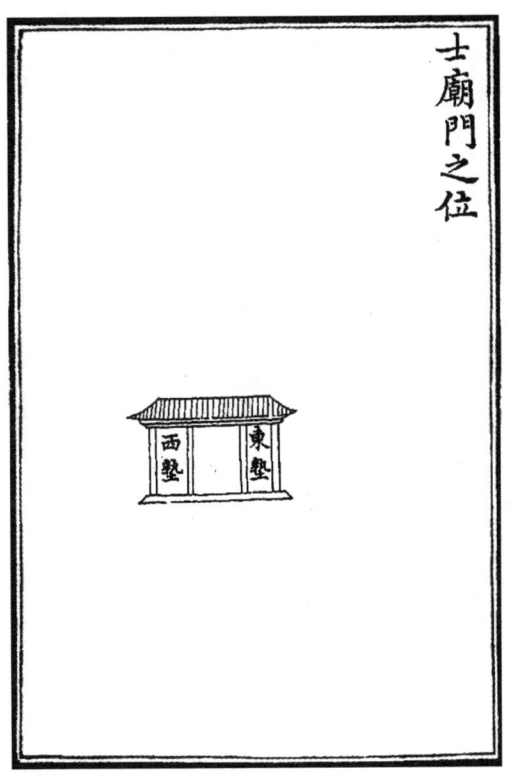

陈祥道《士庙门之位》图

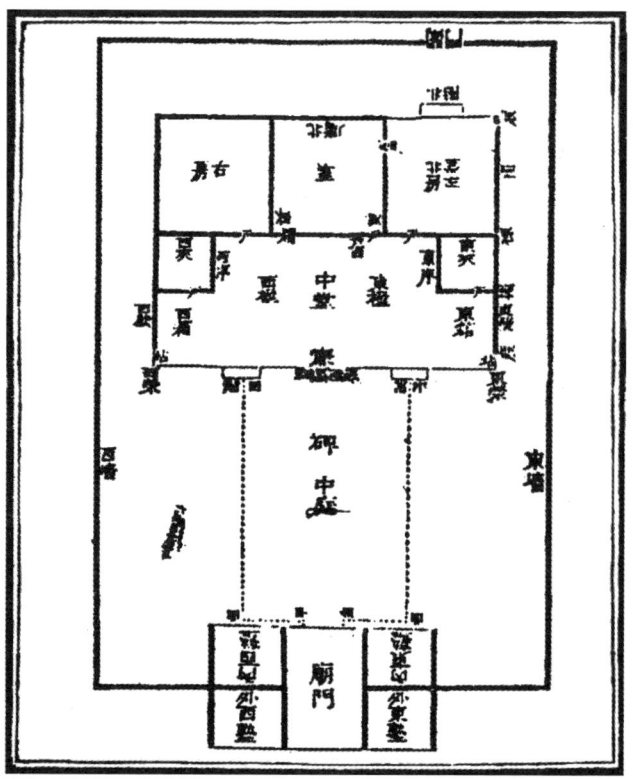

孔广森《庙图》

寝

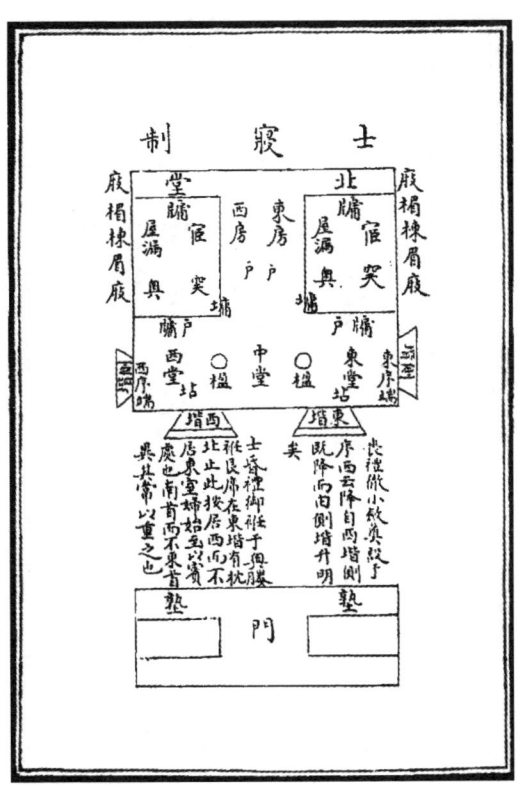

刘绩《士寝制》图

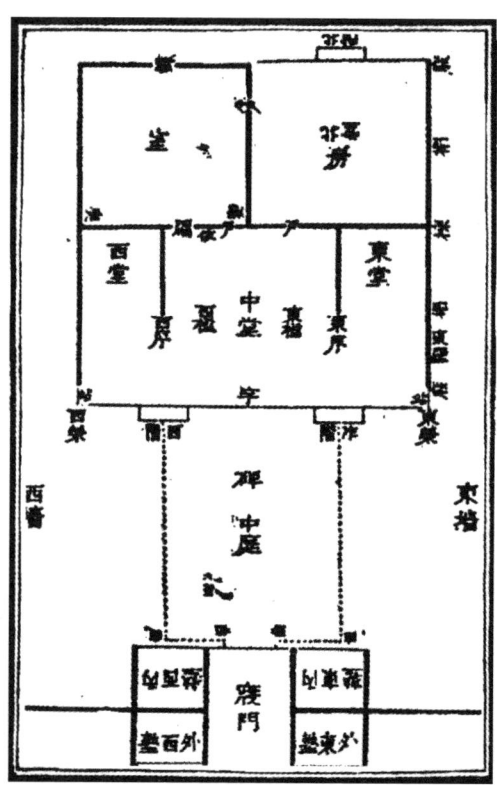

孔广森《寝图》

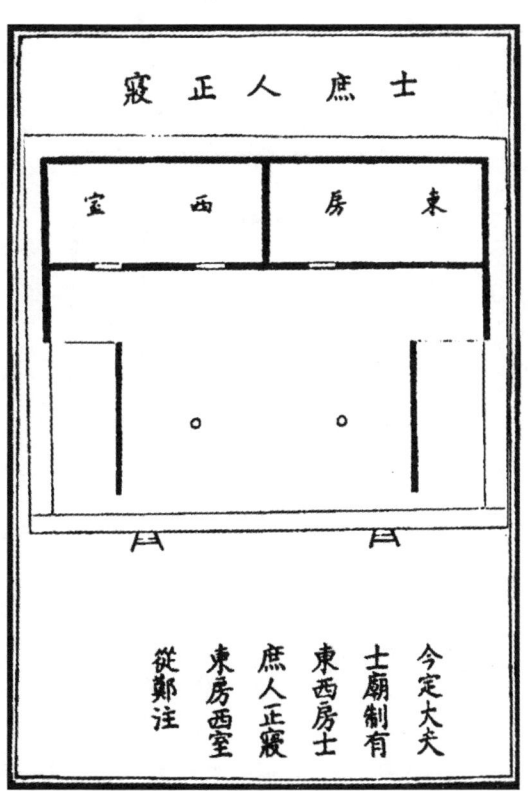

黄以周《士庶人正寝》图

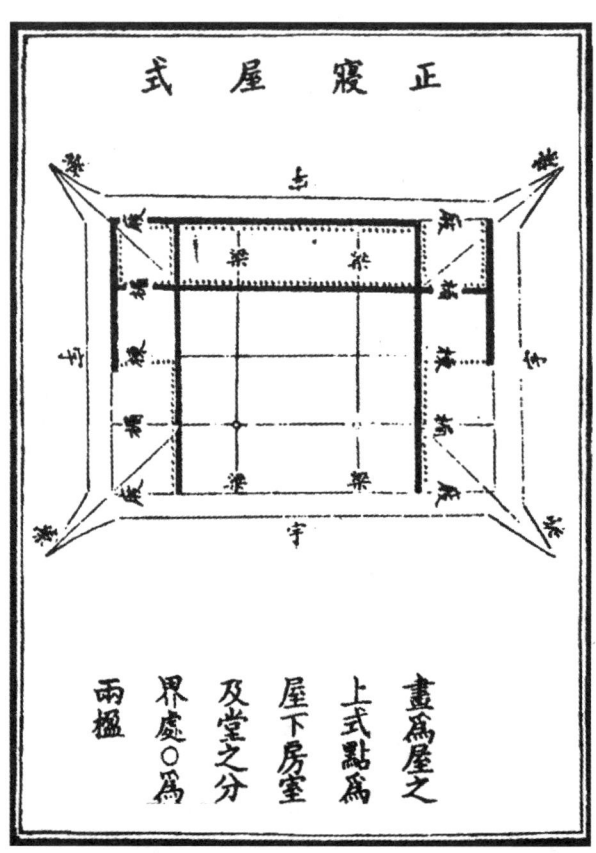

黄以周《正寝屋式》图

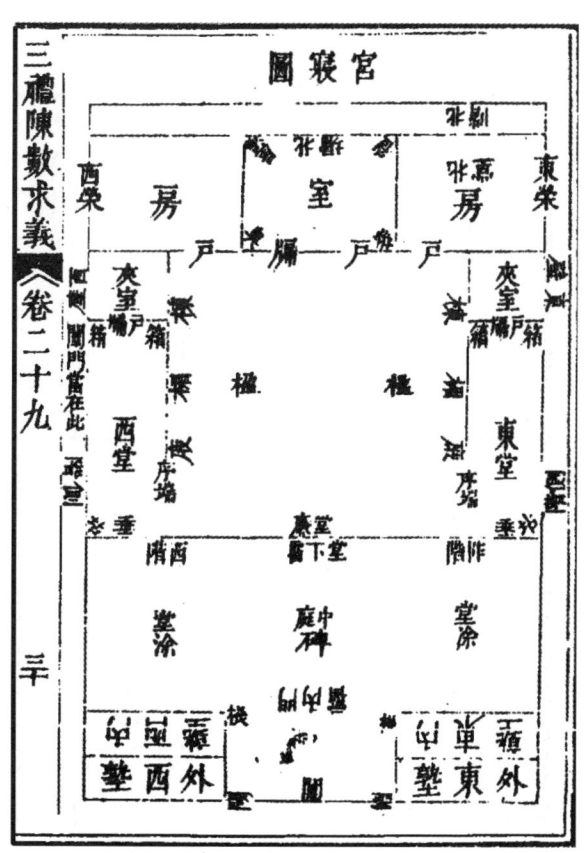

林乔荫《宫寝图》

堂 上

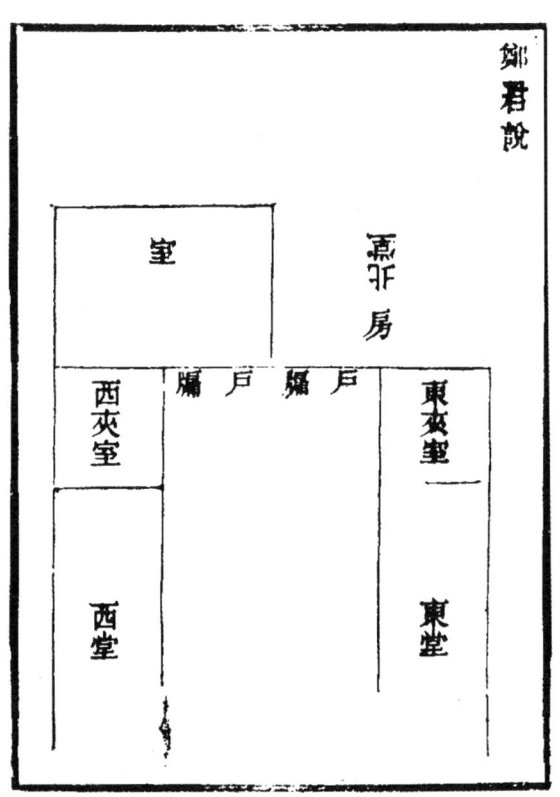

孔广林《郑君说堂上图》

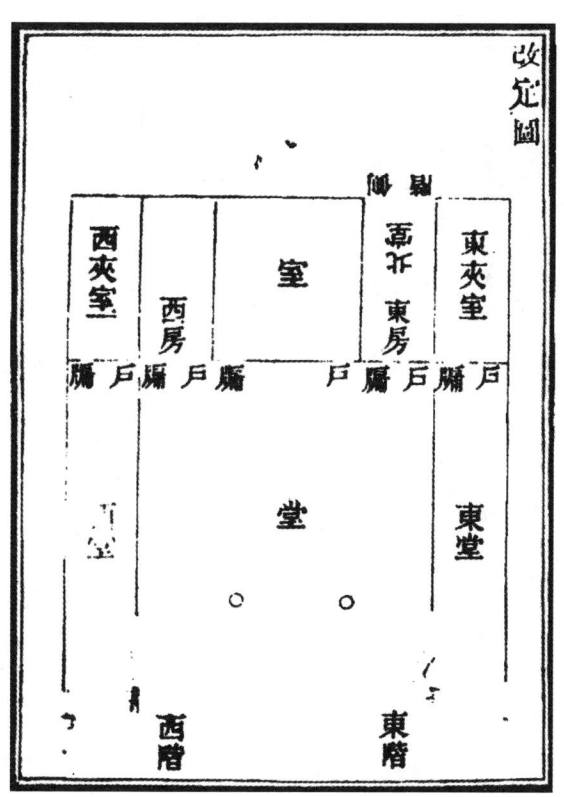

孔广林《堂上改定图》

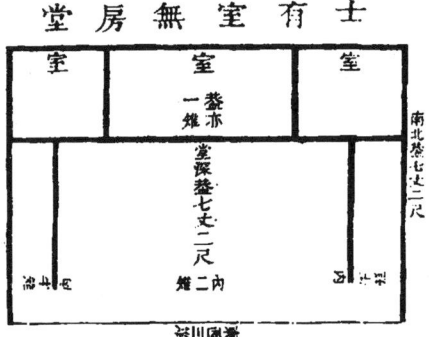

张惠言《堂上房室图》

庠

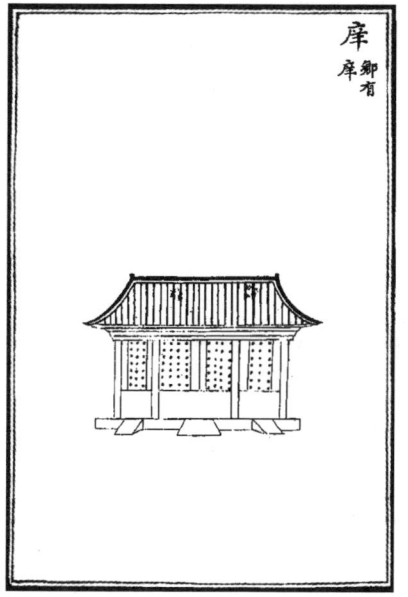

陈祥道《庠》图   陈祥道《乡饮酒之礼》图

序

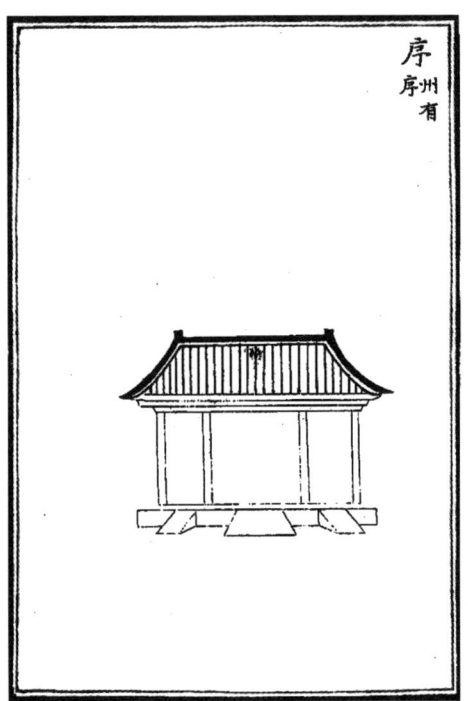

陈祥道《序》图

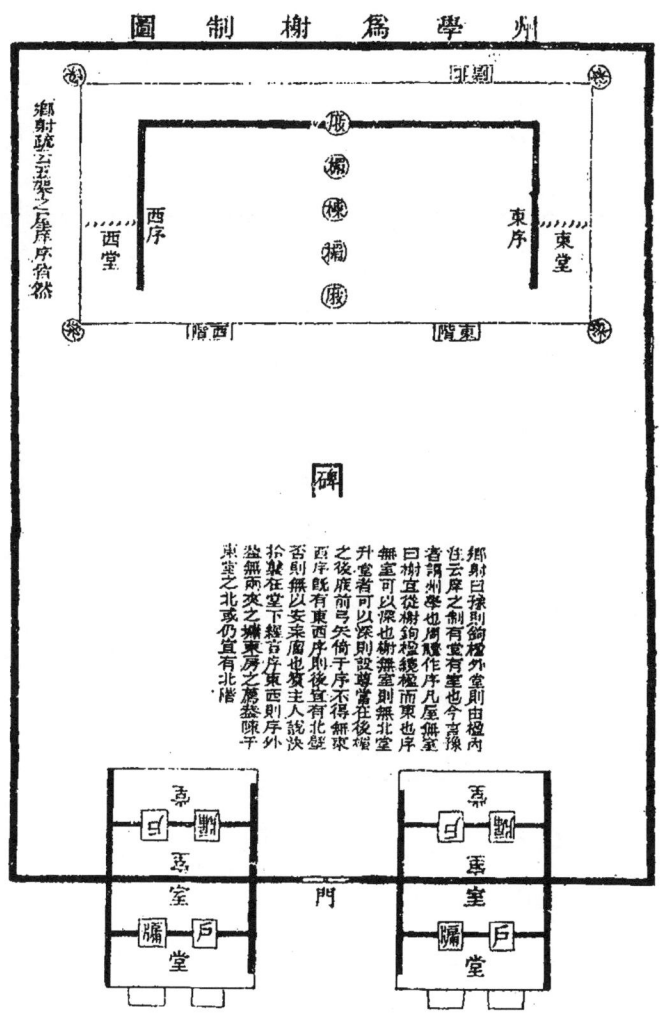

张惠言《州学为榭制图》

坛 墠

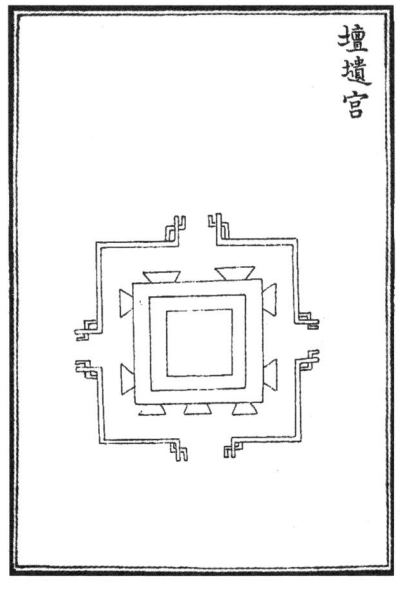

陈祥道《坛墠宫》图　　陈祥道《坛》图

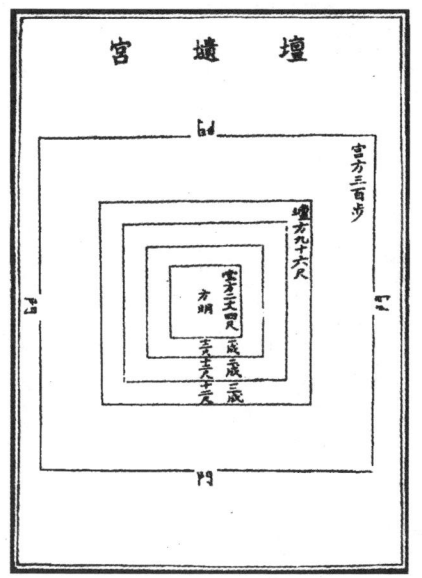

黄以周《坛壝宫》图

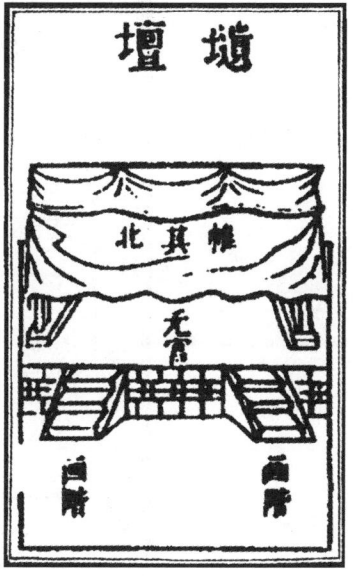

吴之英《壝坛》图

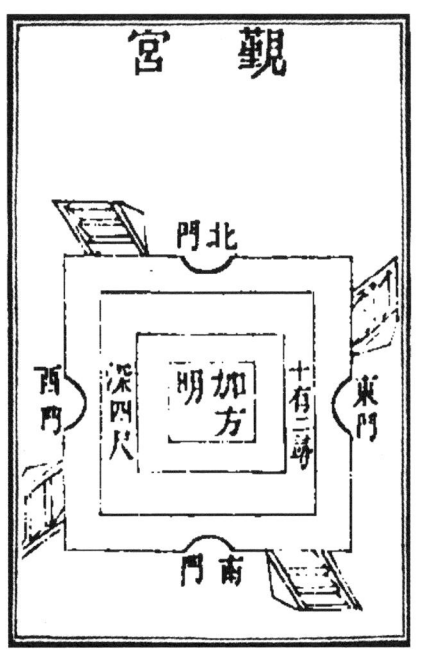

吴之英《觐宫》图

次

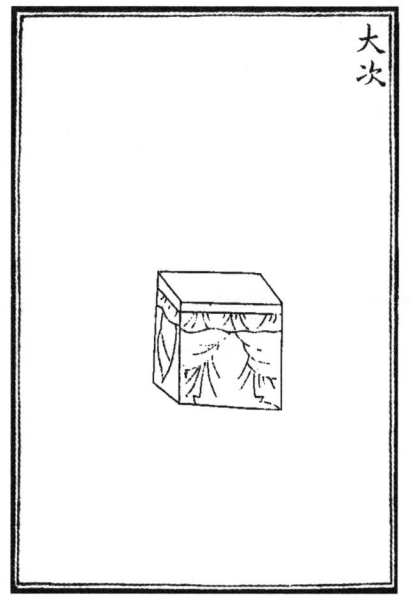

陈祥道《大次》图

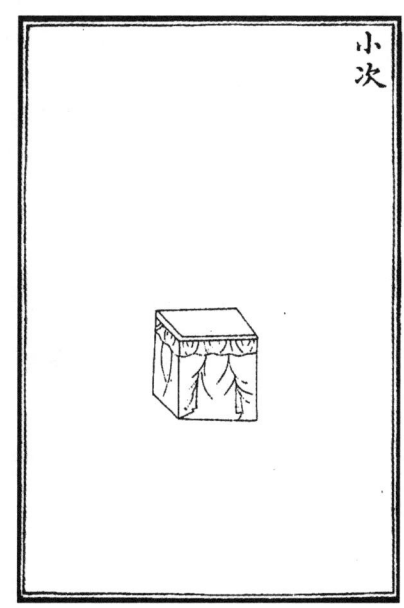

陈祥道《小次》图

陈祥道《尸次》图

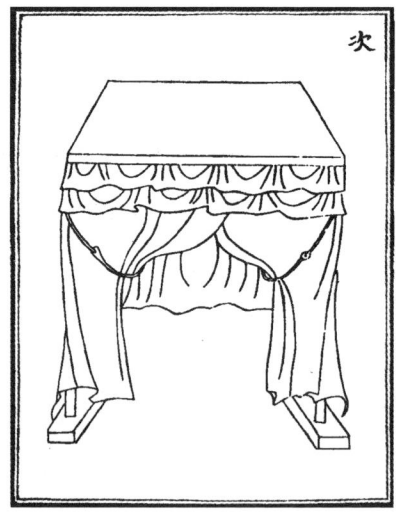

黄以周《次》图

吴之英《次》图

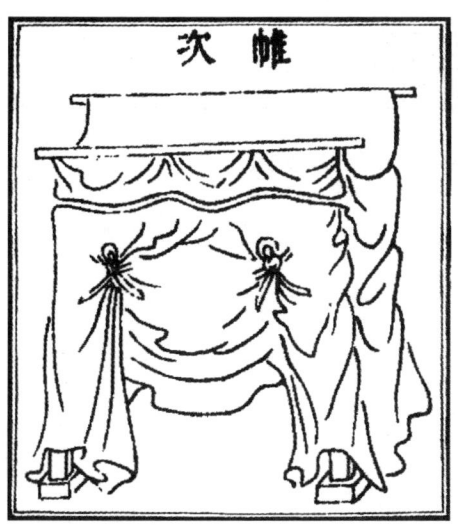

吴之英《帷次》图

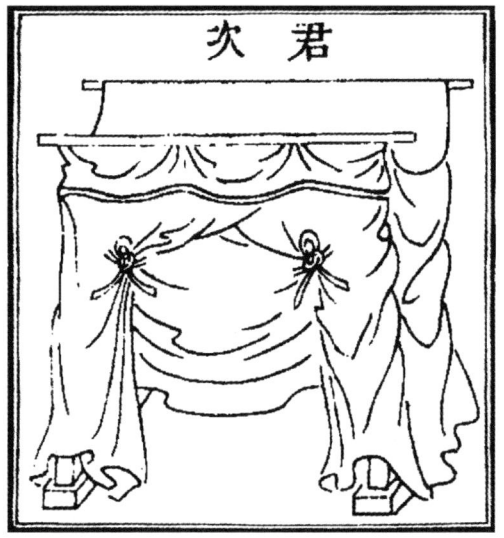

吴之英《君次》图

倚 庐

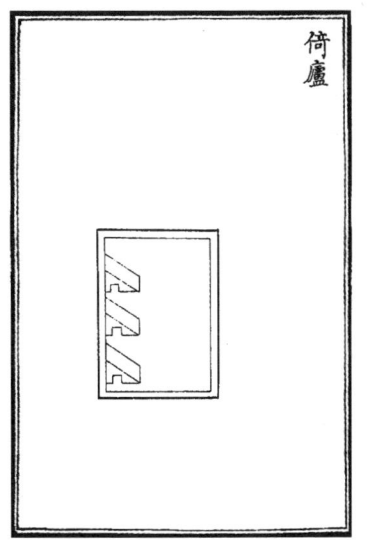
聂崇义《倚庐》图

吴之英《倚庐》图

其 他

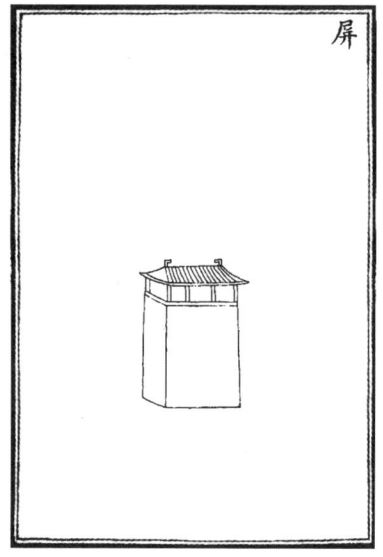 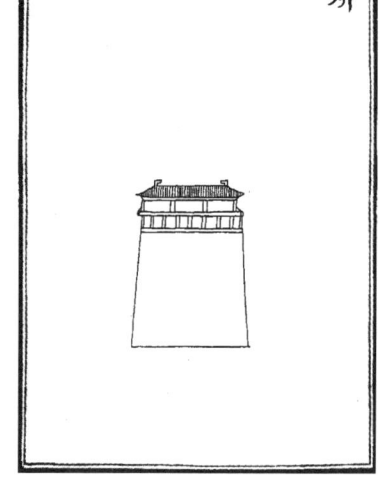

陈祥道《屏》图　　　　陈祥道《庙屏》图

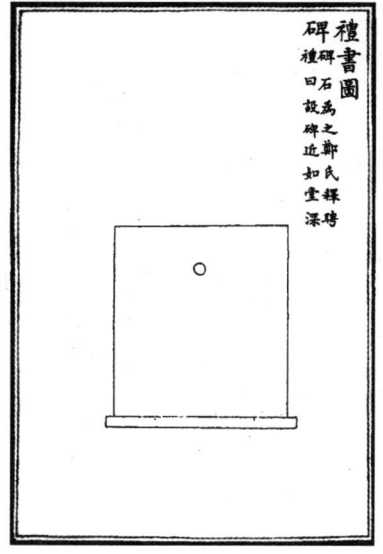 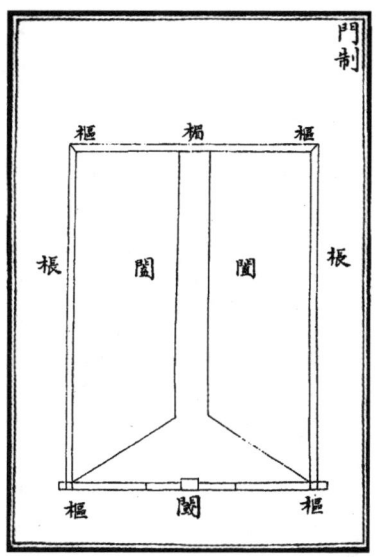

陈祥道《碑》图　　　　陈祥道《门制》图

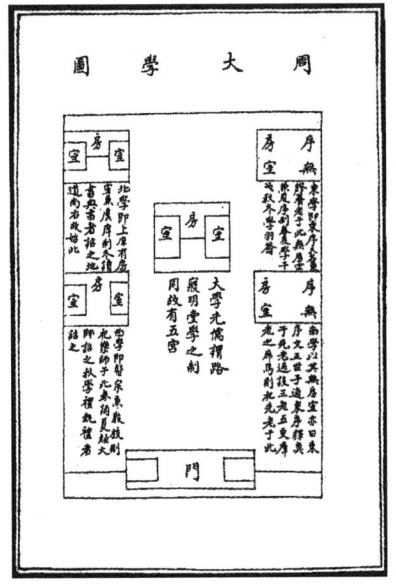

刘绩《周大学图》

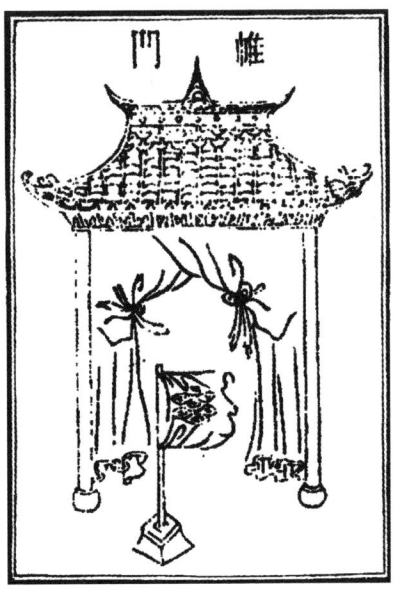

吴之英《帷门》图

附表一

天子宫室 由一寝、七庙、三朝三部分组成。天子之寝名为路寝。但《仪礼》中并未涉及天子之寝。天子七庙，即考庙、王考庙、皇考庙、显考庙、武王庙、文王庙、祖考庙。天子与诸侯一样有三朝，也称之为外朝、内朝、燕朝。但天子有五道门，即皋门、库门、雉门、应门、路门。其中燕朝在路寝庭，内朝在路寝门外应门内，外朝在库门外皋门内。

诸侯宫室 由一寝、五庙、三朝三部分组成。诸侯之寝名为路寝。《仪礼》中的《燕礼》即于此处行礼，除路寝外，诸侯可能还有燕寝，为诸侯燕居之处，但《仪礼》中并未涉及。诸侯五庙，即考庙（即父庙）、王考庙（即祖庙）、皇考庙（即曾祖庙）、显考庙（即高祖庙）、祖考庙（即太祖庙）。三朝，即外朝、内朝、燕朝。与三朝相对应的有三道门，即库门、雉门、路门。燕朝在路寝庭，内朝在路寝门外雉门内，外朝在雉门外库门内。

大夫宫室 当有一寝三庙。《王制》认为，其三庙为祢庙、祖庙、太祖庙（即大祖庙）。而《祭法》则认为，其三庙为祢庙、祖庙、曾祖庙。贾公彦《仪礼疏》认为："大夫三庙，有别子者立太祖庙，非别子者并立曾祖庙。"按，诸侯适妇人所生次子，众妾所生之子被称为别子。《仪礼》中《少牢馈食礼》与《有司》行礼于祖庙。《聘礼》中，大夫为使者将行告祢，聘讫归国后之奠告，皆在祢庙。

士宫室 当有一寝一庙，《王制》曰："天子七庙，三昭三穆，与太祖之庙而七。诸侯五庙，二昭二穆，与太祖之庙而五。大夫三庙，一昭一穆，与太祖之庙而三。士一庙，庶人祭于寝。"其中士之庙当为祢庙。按，《仪礼》文中有"祖（庙）"，郑玄《仪礼注》曰："祖祢共庙。"

庠 郑玄《仪礼注》曰："庠，乡学也，州党曰序。"庠为乡之学宫。按，乡是古代天子诸侯国郊的基层组织单位。据说天子六乡，诸侯三乡。乡以下还有州、党、族、闾、比。庠之建制与士之寝庙相同，有房有室，但仅有一门。

序 郑玄《仪礼注》曰："庠，乡学也，州党曰序。"序为州、党之学宫。序之建制与庠大致相同，所不同者，序的堂后没有房室。胡培翚说："序何以无室也？州之学小于乡，其堂浅，去其室壁之限，堂斯深矣。无室则无房。"

会同宫坛 会同，即"时会殷同"，不定期的朝会。郑玄《仪礼注》认为，四时朝觐在宗庙中进行，但时会殷同则在国都之外进行。此时需要在都城外垒土以象宫墙，就算是宫了。宫方三百步，开有四门。宫中筑坛，坛方十二寻，高四尺，坛上加放方明。胡培翚认为："六尺为步，纵横皆三百步，则为方千八百尺，即方一里之地也。"一寻为八尺，坛的长宽都是十二寻，是一个正方形。据郑玄《仪礼注》，坛分为三层，上层之上有堂，堂方二丈四尺，每下一层的每边都比上一层宽十二尺。胡培翚进一步推算，坛的上层方四十八尺，中层方七十二尺，下层方九十六尺，从堂上下至地，其高四尺，应是堂基高一尺，以上每层各高一尺。

附表二[1]

年代	作者	著作	图表	出处	页码	附注
五代宋初	聂崇义	《三礼图集注》	明堂	《四库全书》第129册经部卷四	56	
			宫寝制		57	
			王城		58	
			九服		58	
			明堂		67	此秦法故重出
			倚庐	《四库全书》第129册经部卷十五	221	
北宋	陈祥道	《礼书》	王城	《四库全书》第130册经部卷二十四	134	
			经涂环涂		135	
			王畿		135	
			六乡		135	
			六遂		135	
			耕坛	《四库全书》第130册经部卷二十九	169	掌次，掌凡邦之张事，则耕坛盖有幕也
			先农坛		169	
			神仓		169	亦曰御廪，别而言之曰囷，曰廪方，曰仓

---

[1] 由于附表内容较为琐碎，故将其所涉礼图出处以数字的形式于表格中标示出来。附表中的《四库全书》指的是文渊阁版《四库全书》，上海古籍出版社，2002年；《续修四库全书》，上海古籍出版社，2001年；《清经解 清经解续编》，阮元、王先谦编，凤凰出版社，2005年。
《礼服卷》与《礼器卷》后附表与此相同，不再复述。

续表1

年代	作者	著作	图表	出处	页码	附注
北宋	陈祥道	《礼书》	公桑蚕室	《四库全书》第130册经部卷三十	176	近川为之
			先蚕坛		177	
			躬桑坛		177	
			天子五门 路门、应门、皋门、雉门、库门	《四库全书》第130册经部卷三十七	221	路门，一名毕门
			诸侯三门		222	
			屏		222	
			庙屏		222	
			天子三朝	《四库全书》第130册经部卷三十八	227	诸侯三朝附
			治朝		228	
			内朝		228	
			卿大夫二朝		228	
			六服朝觐之礼	《四库全书》第130册经部卷三十九	232	
			诸侯朝天子送逆之节		232	
			汤沐之邑	《四库全书》第130册经部卷四十	241	
			夏世室		241	堂修二七，广四修一，五室，三四步四三尺，九阶，四旁两夹，窗，白盛，门堂三之二，室三之一
			商重屋		241	堂修七寻，堂崇三尺，四阿重屋，与夏世室同，而其屋两重耳
			周明堂		242	度九尺之筵，南北七筵，堂崇一筵，五室，凡室二筵

续表 2

年代	作者	著作	图表	出处	页码	附注
北宋	陈祥道	《礼书》	明堂朝诸侯之位	《四库全书》第130册 经部 卷四十一	248	
			坛壝宫		249	
			聘仪	《四库全书》第130册 经部 卷四十二	254	
			王及诸侯寝庙制	《四库全书》第130册 经部 卷四十三	259	
			大夫士寝庙制		259	五架之屋
			内九室		259	
			外九室		260	
			大次		260	
			小次		260	
			王六寝	《四库全书》第130册 经部 卷四十四	265	
			后六宫		265	
			诸侯三寝		265	
			夫人三宫		266	
			卿大夫士二寝		266	
			卿大夫士之妻二寝		266	
			士庶子宿卫制		266	郑康成云：卫王宫者，必居四角，四中徼候便也。次，其宿卫所在；舍，其休沐之处。郑司农云：在内为次，在外为舍
			虎士五隶守卫之制		267	周垣下为区庐

续表 3

年代	作者	著作	图表	出处	页码	附注
北宋	陈祥道	《礼书》	庭	《四库全书》第 130 册经部卷四十五	272	
			碑	《四库全书》第 130 册经部卷四十六	275	碑石为之。郑氏释聘礼曰：设碑近如堂深
			门制		275	
			周四代学		292	辟廱在国，虞庠在国之西郊，今图辟廱之制如此
			鲁四代学	《四库全书》第 130 册经部卷四十八	292	记曰：小学在公宫南之左，大学在郊。又曰：鲁人将有事于上帝，必先有事于泮宫，则泮宫在郊太学也。虞庠在公宫南之右，小学也。《白虎通》曰：诸侯曰：頖宫半者，象璜也，独南面礼仪之方有水耳。其说是也。郑康成曰：頖，班也，非是
			诸侯学		292	頖宫在郊
			塾	《四库全书》第 130 册经部卷四十九	298	
			庠		298	乡有庠
			序		298	州有序
			视学养老之礼	《四库全书》第 130 册经部卷五十	303	郑氏曰：席位之处，则三老如宾，五更如介，群老如众宾，必也
			乡饮酒之礼		304	

续表 4

年代	作者	著作	图表	出处	页码	附注
北宋	陈祥道	《礼书》	族燕之礼	《四库全书》第130册经部卷六十三	392	
			天子七庙	《四库全书》第130册经部卷六十七	425—426	
			诸侯五庙		427—428	
			附庸五庙		428—429	
			大夫三庙		429—430	
			适士二庙		430	
			官师一庙		430	
			坛	《四库全书》第130册经部卷六十八	435	
			墠		435	
			祧	《四库全书》第130册经部卷七十	445	
			王齐宫	《四库全书》第130册经部卷七十四	476	
			后齐宫		476	记曰：旬有一日，宫宰宿夫人，则后夫人散齐，致齐，与君同
			大夫庙门之位	《四库全书》第130册经部卷八十一	512	
			士庙门之位		512	
			尸次		512	
			尸次		513	
			圜丘	《四库全书》第130册经部卷八十八	550	
			方丘		551	

续表 5

年代	作者	著作	图表	出处	页码	附注
北宋	陈祥道	《礼书》	祀明堂	《四库全书》第 130 册 经部 卷八十九	556	
			祭日	《四库全书》第 130 册 经部 卷九十	560	
			祭月		560	
			太社	《四库全书》第 130 册 经部 卷九十二	571	社稷 王社大社附
			太稷		571	
			亳社		571	
			亳社		572	
南宋	杨复	《仪礼旁通图》	寝庙辨名图	《四库全书》第 104 册 经部	315	
			两下五架图		317	
			郑注大夫士东房西室之图		317	
			诸侯五庙图		318	
			贾疏诸侯五庙之图		318	
			大夫三庙图		319	
			贾疏大夫三庙图		319	
明代	刘绩	《三礼图》	禹贡五服	《四库全书》第 129 册 经部 卷一	287	
			周九服		287	
			周王畿方千里		287	
			方百步为百亩		293	
			方一里为井		294	
			方十里为成		295	

续表 6

年代	作者	著作	图表	出处	页码	附注
明代	刘绩	《三礼图》	方百里为同	《四库全书》第129册经部卷一	295	
			公田方五百里		297	
			侯田方四百里		297	
			伯方三百里		298	
			子方二百里		298	
			男方百里		298	
			公城九里		300	
			侯伯城七里		300	
			子男城五里		300	
			附庸城三里		300	
			夏世室		302	
			殷人重屋		302	
			朝		304	
			周天子庙		304	
			天子寝制		306	
			天子三朝		309	注见文王世子
			周大学图		310	
			士寝制		318	
清代	徐乾学	《读礼通考》	堂室房户图	《四库全书》第114册卷一百十九	711	
			陈祥道礼书天子庙式		711	同诸侯
			大夫三庙式		711	适士官师同
			大夫士寝庙制		712	五架之屋
			门制		712	
			碑		712	礼书图

续表7

年代	作者	著作	图表	出处	页码	附注
清代	徐乾学	《读礼通考》	祠堂三间之图	《四库全书》第114册卷一百二十	715	
			祠堂一间之图		715	
			祠堂时节陈设之图		715	
			家众叙立之图		716	
			寝庙辩名图		721	
			大夫士五架图		722	
			大夫士东房西室之图		722	
			诸侯五庙图		723	
			郑康成大夫三庙图		723	
			贾公彦三大夫庙图		724	
			明会典家庙图		724	
			天子诸侯庙制		727	
			大夫士左庙右寝总图		727	
	任启运	《宫室考》	都城九区二十门全图	《四库全书》第109册经部卷下	823	
			天子三朝五门庙社全图		823	
			天子七庙都宫门道图		824	
			诸侯五庙都宫门道图		824	

续表 8

年代	作者	著作	图表	出处	页码	附注
清代	任启运	《宫室考》	明堂室二十堂户牖全图	《四库全书》第109册经部卷下	824	
			明堂五室户牖全图		824	
			天子王后大小寝永巷侧室全图		825	
			庙寝门堂室各名总图		825	
		《朝庙宫室考》	都城九区二十门全图	《清经解续编》第九册卷二十一	778	
			天子七庙都宫门道图		778	
			天子五门三朝庙社图		778	
			诸侯五庙都宫门道图		778	
			路寝小寝左右侧室图		779	
			明堂九室二十堂之图		779	
			方明坛四门三成之图		779	
			朝庙门堂寝室各名图		779	
	江永	《乡党图考》	诸侯宫寝朝廷庙社总图	《四库全书》第210册	723	
			天子外朝图		723	
			诸侯治朝燕朝图		724	
			公门图		724	
			大门外摈介传命图		724	

续表 9

年代	作者	著作	图表	出处	页码	附注
清代	江永	《乡党图考》	朝中上摈相礼图	《四库全书》第210册	724	
			庙中行聘礼享礼图		725	
			庙中行私觌图		725	
			宗庙制度图		725	
			诸侯五庙图		725	
	江声	《尚书集注音疏》	明堂南堂布席设几陈案之图	《清经解》第三册第五十一种第九卷	3117	
			明堂上圜下亘列二十八柱之图		3117	
			明堂九室图		3117	
			明堂五室图		3117	
			殡宫出路陈兵卫受顾命图		3119	
			明堂庭受朝图		3119	
	戴震	《考工记图》	王城	《清经解》第四册第七十八种下卷	4656	
			世室		4656	
			明堂		4657	
			宗庙		4657	
	程瑶田	《水地小记》	王畿千里之图	《清经解》第四册第六十九种	4496	
			大司徒造都鄙之图		4496	
			小司徒井牧注每甸方加一里为一成之图		4497	
			小司徒井牧注四都方加十里为一同之图		4497	

续表 10

年代	作者	著作	图表	出处	页码	附注
清代	汪中	《述学》	考订明堂五室图	《清经解》第五册第一百二十三种	6528	
			郑志考工五室之图		6528	
			明堂位图		6529	
			吕氏春秋明堂图		6529	
	孔广林	《仪礼臆测》	郑君说	《续修四库全书》第89册卷十五	284	堂上房室图
			改定图		284	堂上房室图
	孙星衍	《明堂考》	明堂图	《续修四库全书》第110册卷下	144	
			明堂位图		145	
			夏世室图		145	
			殷重屋图		146	
			夏世室图		146	
	孔广森	《礼学卮言》	庙	《续修四库全书》第110册卷一	79	
			寝		83	
			考工记世室月令明堂会通图		85	
			周人明堂制度如前广修数异		85	
	洪颐煊	《礼经宫室答问》	宗庙图之堂上图	《续修四库全书》第110册卷上	165	
			宗庙图之堂下图		165	
			宗庙图之七庙及寝门图		166	
			五门三朝图	《续修四库全书》第110册卷下	178	
			天子寝室图		178	
			明堂图		179	
			王宫王城图		179	

续表 11

年代	作者	著作	图表	出处	页码	附注
清代	张惠言	《仪礼图》	郑氏大夫士堂室图	《清经解续编》第十册卷五十七	1638	
			天子路寝图		1639	
			大夫士房室图		1639	
			天子诸侯左右房图		1640	
			州学为榭制图		1640	
			东房西房北堂		1641	
			士有室无房堂		1641	
	严杰	《经义丛钞》	庙图	《清经解》第八册第一百七十八种卷二十七	10915	
			七庙五寝图		10915	
			王城图		10922	
			王后寝室图		10922	
			名堂图		10922	
			五门三朝图		10922	
	焦循	《群经宫室图》	城图一	《清经解续编》第十册卷六十四	1887	
			城图二		1887	
			城图三		1888	
			城图四		1888	
			城图五		1888—1889	
			城图六		1889	
			城图七		1891	
			宫图一		1891	
			宫图二		1891	
			宫图三		1892	
			宫图四		1892	

续表 12

年代	作者	著作	图表	出处	页码	附注
清代	焦循	《群经宫室图》	宫图五	《清经解续编》第十册卷六十四	1893	
			宫图六		1893	
			宫图七		1894	
			宫图八		1894	
			宫图九		1896	
			宫图十		1896	
			门图一		1897	
			门图二		1897	
			门图三		1897	
			屋图一		1898	
			屋图二		1899	
			屋图三		1899	
			蔡氏通天屋图		1899	
			屋图四		1899	
			屋图五		1900	
			屋图六		1900	
			屋图七		1900	
			屋图八		1901	
			屋图九		1901	
			屋图十		1901	
			屋图十一		1902	
			逆墙		1902	
			堂涂		1902	
			墙		1902	

续表 13

年代	作者	著作	图表	出处	页码	附注
清代	焦循	《群经宫室图》	社稷图一	《清经解续编》第十册卷六十四	1902	
			社稷图二		1903	
			宗庙图一		1904	
			宗庙图二		1905	
			宗庙图三		1905	
			明堂图一		1905	
			明堂图二		1906	
			明堂图三		1907	
			明堂图四		1907	
			明堂图五		1908	
			明堂图六		1908	
			九室明堂图		1910	
			四角之室接四室图		1911	
			七筵九筵分两面图		1911	
			每堂深七筵图		1911	
			明堂图七		1911	
			坛图		1911	
			学图一		1912	
			学图二		1912	
			学图三		1913	
			学图四		1913	
			附乡饮酒礼席图		1914	
			学图五		1914	

续表 14

年代	作者	著作	图表	出处	页码	附注
清代	陈奂	《毛诗说》	城郭	《清经解续编》第十一册卷一百十六宫室说	4155	
			门		4156	
			朝		4156	
			诸侯城阙南方		4156	
			宫		4156	
			路寝		4156	
			路寝宗庙社稷		4156	
			宗庙		4156	
			燕寝		4156	
			周庙表		4157	
			鲁庙表		4157	
			明堂		4157	
			学		4157	
	邹汉勋	《读书偶识》	夏世室图	《清经解续编》第十三册卷一百七十三	6561	中室北壁至南廉为南堂，中室南壁至北廉为北堂，中室西壁至东廉为东堂，中室东壁至西廉为西堂
			周明堂图		6561	
			明堂		6563	今图
			大室图		6565	
	陈乔枞	《礼堂经说》	宫室图	《清经解续编》第十三册卷一百六十三	5884	

续表 15

年代	作者	著作	图表	出处	页码	附注
清代	俞樾	《群经平议》	堂室图一	《清经解续编》第十三册卷一百九十二	6886	
			堂室图二		6886	
			堂室图三		6886	
			堂室图一		6887	
			堂室图二		6887	
			堂室图三		6887	
			堂室图四		6887	
			堂室图一		6888	
			堂室图二		6888	
			堂室图		6889	
			堂室图一		6890	
			堂室图二		6890	
			旧图		6895	侯
			今图		6895	侯
			士庶人房室图		6902	
	黄以周	《礼书通故》	王宫周城五门	《续修四库全书》第112册卷四十九名物一	534	
			诸侯轩城三门		535	
			伏生书传路寝		535	
			天子书后庙制		536—537	
			士庶人正寝		537	
			正寝屋式		538	
			楣梁落时		538	
			梁		538	
			梁		539	

续表 16

年代	作者	著作	图表	出处	页码	附注
清代	黄以周	《礼书通故》	峻式	《续修四库全书》第112册卷四十九名物一	539	
			一门两观		539	
			黼扆		540	
			夏世室		540	
			殷重屋周初明堂		540	
			周明堂		541	
			周明堂		541	
			盛德明堂		541	
			明堂月令九畴数		532	
			郑注明堂五行		532	
			郑注明堂五行		534	
			坛墠宫		543	
			庙寝		544	
			次	《续修四库全书》第112册卷四十九名物三	627	
	吕调阳	《考工记考》	夏世室基图	《续修四库全书》第85册	344	
			周明堂基图		344	
	吴之英	《寿栎庐仪礼奭固礼器图》	宫室图之庙	《续修四库全书》第93册宫室图	596	
			宫室图之寝		600	
			宫室图之朝		601	
			次	《续修四库全书》第93册大射仪七	659	
			墠坛	《续修四库全书》第93册聘礼八	663	
			帷次		668	
			君次		668	

续表 17

年代	作者	著作	图表	出处	页码	附注
清代	吴之英	《寿栎庐仪礼奭固礼器图》	帷门	《续修四库全书》第 93 册 觐礼十	670	
			觐宫		675	
			倚庐	《续修四库全书》第 93 册 丧服十一	678	
			次	《续修四库全书》第 93 册 士丧礼十二	694	
			宅		695	
			厕		697	
			垼	《续修四库全书》第 93 册 既夕十三	709	
			九州	《续修四库全书》第 93 册 封建七图	721	
			九服		722	
			公国		722	
			侯国		723	
			伯国		723	
			子国		724	
			男国		724	
			王畿	《续修四库全书》第 93 册 井田二十九图	726	
			井		727	
			邑		727	
			丘		727	
			甸		727	
			县		727	
			都		727	

续表 18

年代	作者	著作	图表	出处	页码	附注
清代	吴之英	《寿栎庐仪礼奭固礼器图》	比	《续修四库全书》第93册井田二十九图	728	
			闾		728	
			族		728	
			党		728	
			州		728	
			乡		728	
			邻		728	
			里		728	
			酂		728	
			鄙		728	
			县		728	
			遂		728	
			五沟五涂		729	
			畎		729	
			遂		729	
			井		729	
			沟		730	
			成		730	
			洫		730	
			同		730	
			浍		730	
			川		730	
			王国学	《续修四库全书》第93册学校二图	736	
			侯国学		742	

续表 19

年代	作者	著作	图表	出处	页码	附注
清代	曹元弼	《礼经学》	礼家相传大夫士堂室图	《续修四库全书》第94册卷二下	675—676	
			天子路寝图		677—678	
			大夫士房室图		679	
			天子诸侯左右房图		680—681	
			州学为榭制图		682	
			东房西房北堂		683	
			士有室无房堂		683	
	林乔荫	《三礼陈数求义》	宫寝图	《续修四库全书》第109册卷二十九	752	

礼服卷

吉　服

冕　服

聂崇义《大裘》图

聂崇义《衮冕》图

聂崇义《鷩冕》图　　　　聂崇义《毳冕》图

聂崇义《絺冕》图　　　　　聂崇义《玄冕》图

聂崇义《三公毳冕》图　　聂崇义《上公衮冕》图

聂崇义《侯伯鷩冕》图　　聂崇义《子男毳冕》图

聂崇义《絺冕》图　　　聂崇义《卿大夫玄冕》图

陈祥道《十二章之服》图

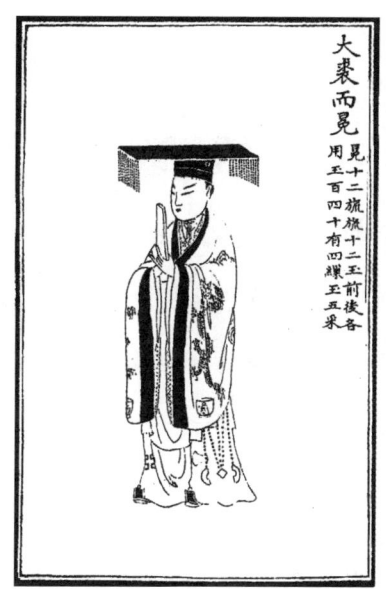
陈祥道《大裘而冕》图

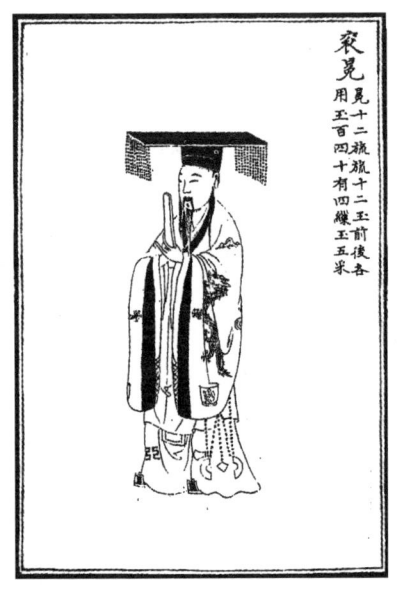 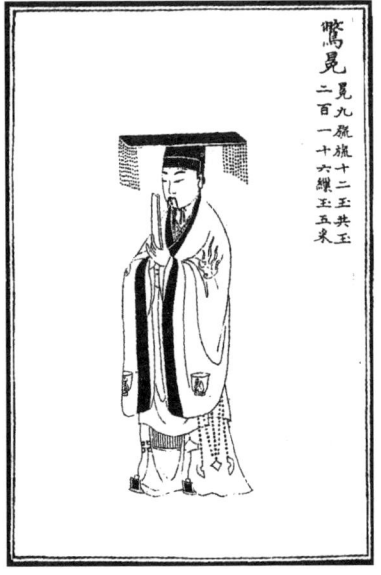

陈祥道《衮冕》图　　　　陈祥道《鷩冕》图

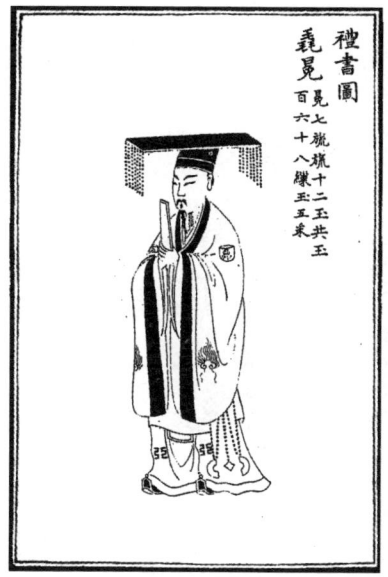 

陈祥道《毳冕》图　　　　陈祥道《希冕》图

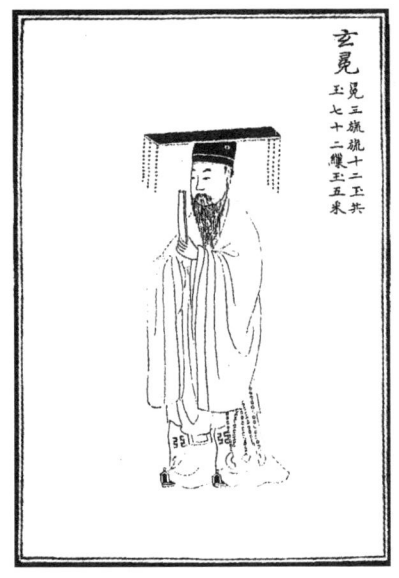 

陈祥道《玄冕》图　　　　陈祥道《上公龙衮》图

 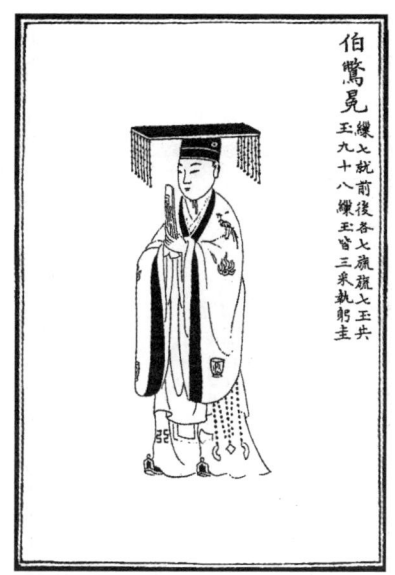

陈祥道《侯鷩冕》图　　陈祥道《伯鷩冕》图

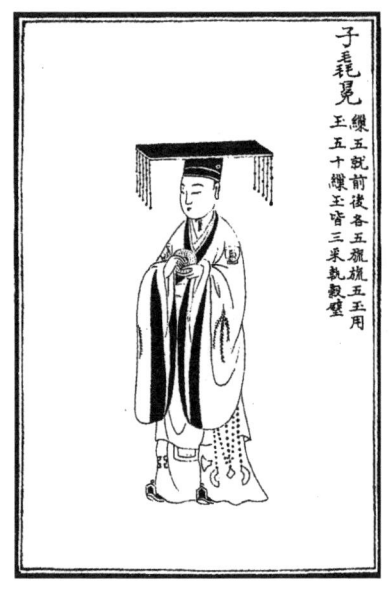

陈祥道《子毳冕》图　　　　陈祥道《男毳冕》图

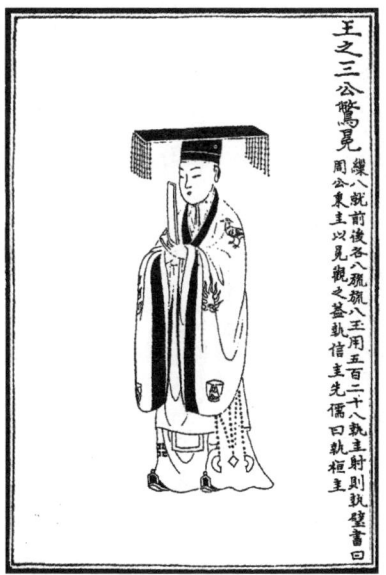 

陈祥道《王之三公鷩冕》图　　陈祥道《王之孤毳冕》图

 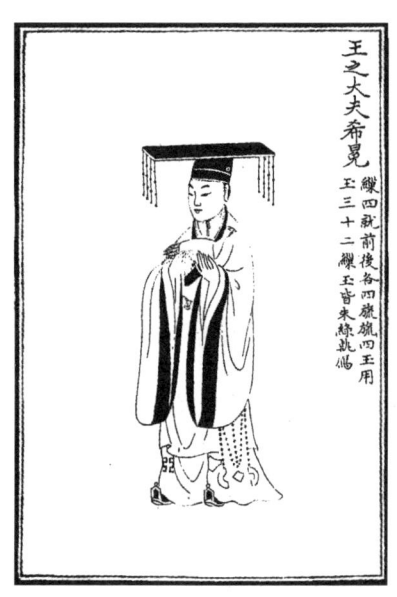

陈祥道《王之卿毳冕》图　　　陈祥道《王之大夫希冕》图

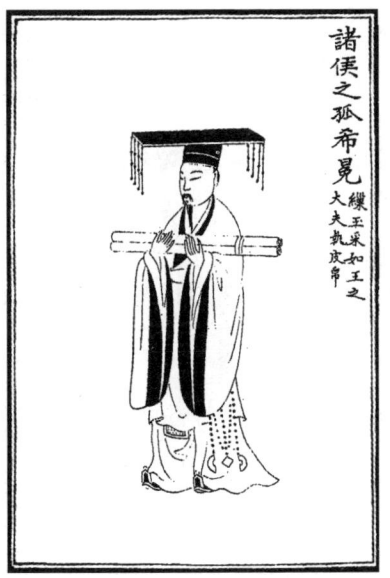 

陈祥道《诸侯之孤希冕》图　　陈祥道《诸侯之卿玄冕》图

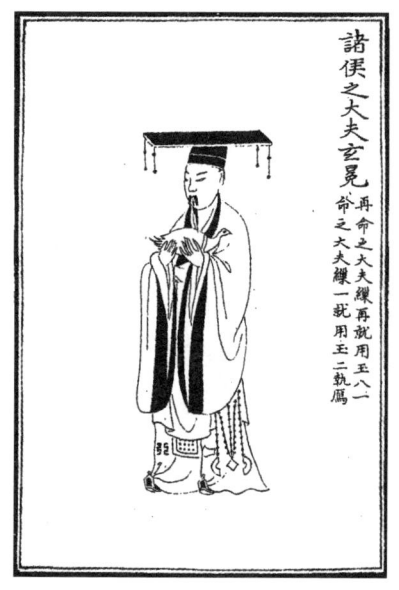 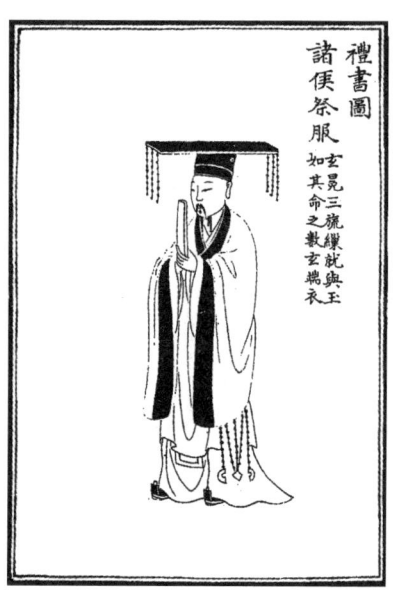

陈祥道《诸侯之大夫玄冕》图　　陈祥道《诸侯祭服》图

 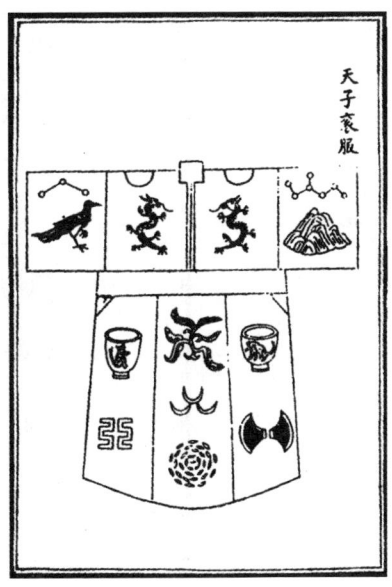

陈祥道《朝觐冕服》图　　　黄以周《天子衮服》图

朝 服

聂崇义《诸侯朝服》图

玄 端

聂崇义《玄端》图

聂崇义《士玄端》图

陈祥道《玄端》图

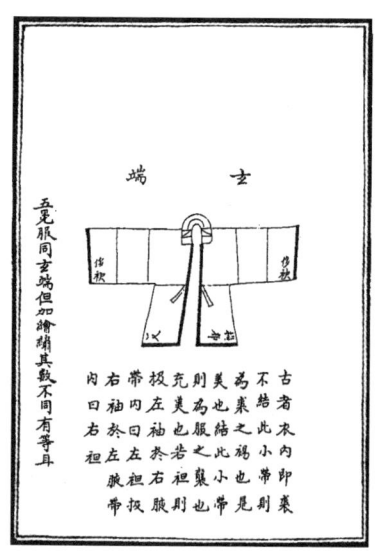

刘绩《玄端》图

刘绩《帷裳》图

皮 弁

聂崇义《皮弁》图

聂崇义《皮弁》图　　　　　陈祥道《射服》图

爵 弁

聂崇义《爵弁》图

袆 衣

 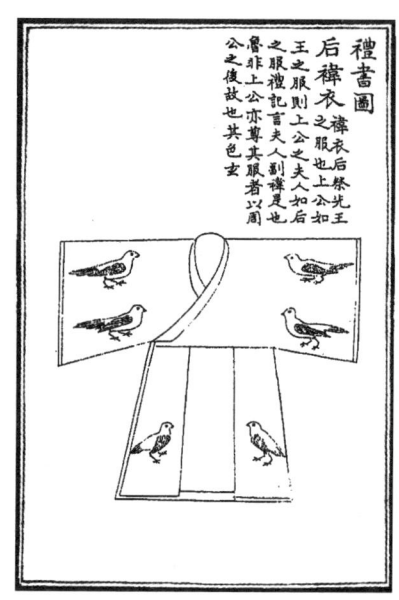

聂崇义《袆衣》图　　　　陈祥道《后袆衣》图

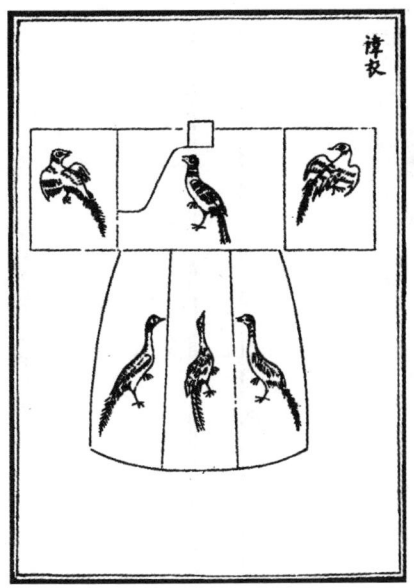

黄以周《袆衣》图

宵 衣

聂崇义《宵衣》图

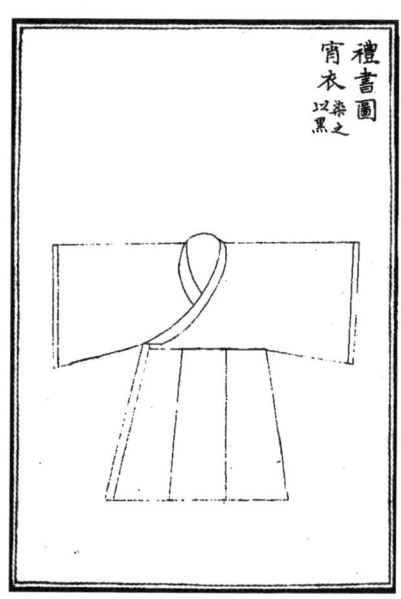
陈祥道《宵衣》图

褖 衣

聂崇义《褖衣》图

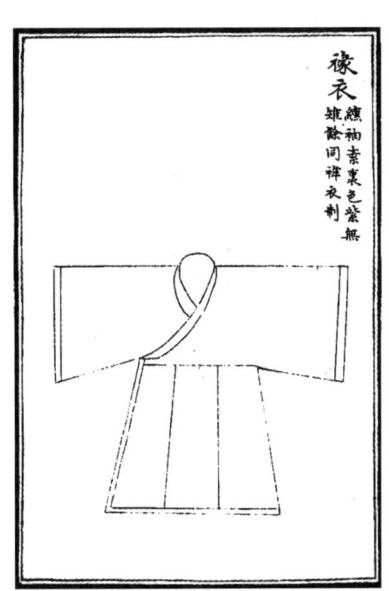

陈祥道《褖衣》图

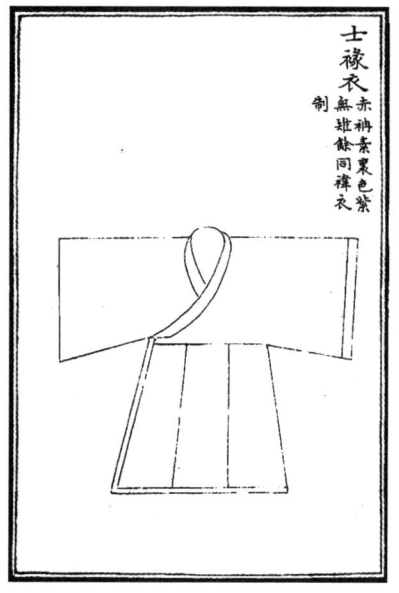

陈祥道《士襐衣》图

童子服

聂崇义《童子服》图

陈祥道《童子服》图

其 他

聂崇义《纯衣》图

陈祥道《深衣》图

陈祥道《长衣》图

陈祥道《展衣》图

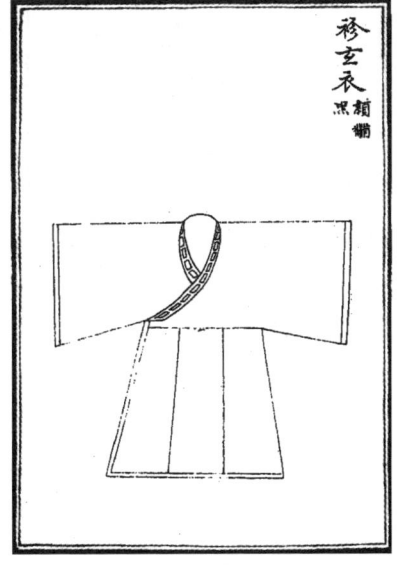

陈祥道《袗玄衣》图

聂崇义《韦弁》图　　　　　聂崇义《冠弁》图

冠冕

冕

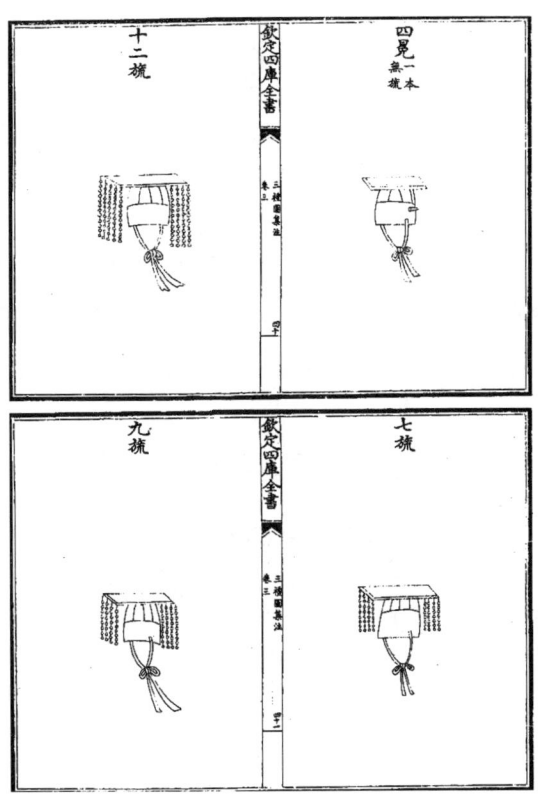

聂崇义《冕图》

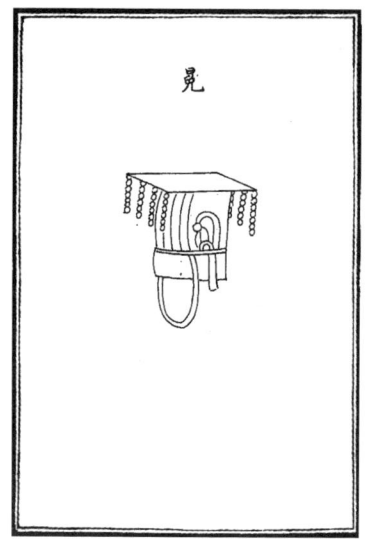

刘绩《冕》图

黄以周《天子衮冕》图

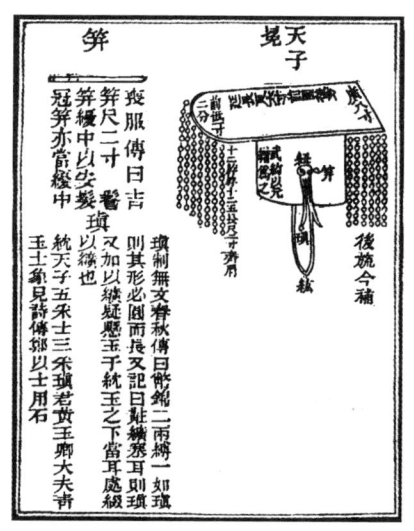

曹元弼《天子冕》图

委貌冠

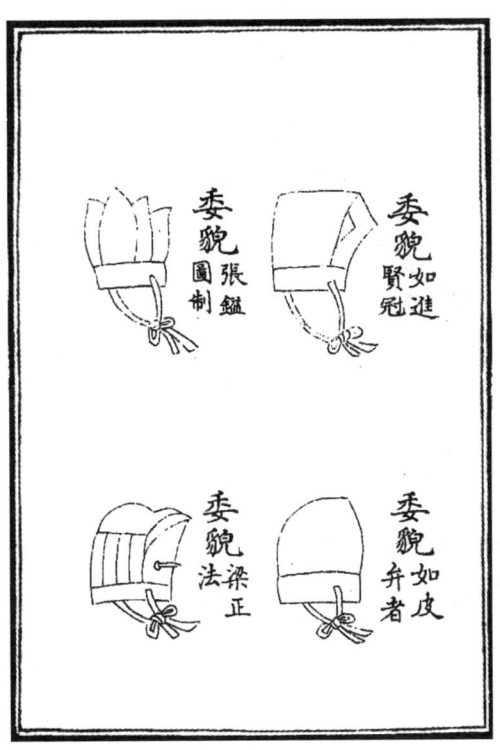

聂崇义《委貌》图

 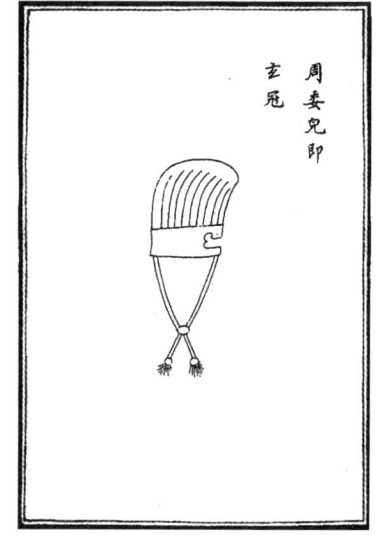

陈祥道《委貌冠》图　　刘绩《周委皃即玄冠》图

礼服卷　147

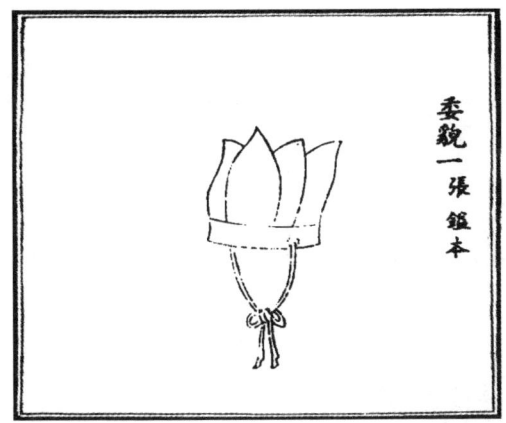

黄以周《委貌一》图

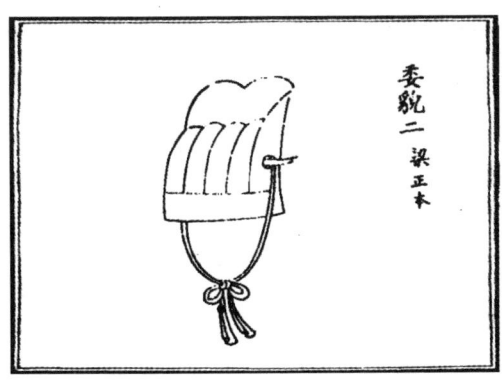

黄以周《委貌二》图

缁布冠

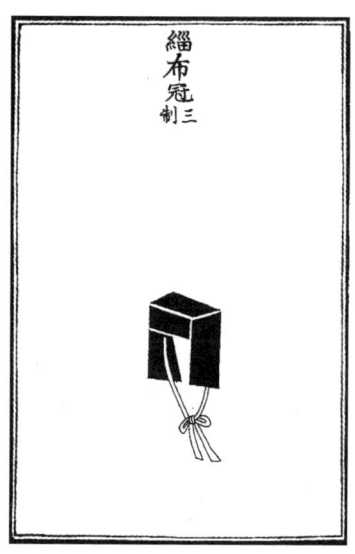 

聂崇义《缁布冠》图　　　　聂崇义《缁布冠》图

聂崇义《缁布冠》图　　　刘绩《缁布冠》图

陈祥道《缁布冠》图

陈祥道《后世缁布冠》图

曹元弼《缁布冠》图

皮 弁

聂崇义《皮弁》图

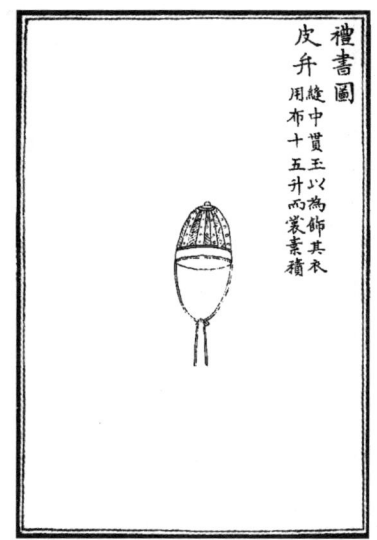

陈祥道《皮弁》图

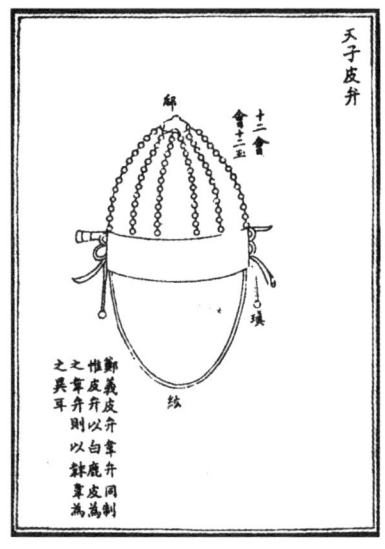 

黄以周《天子皮弁》图　　　曹元弼《天子弁》图

爵 弁

 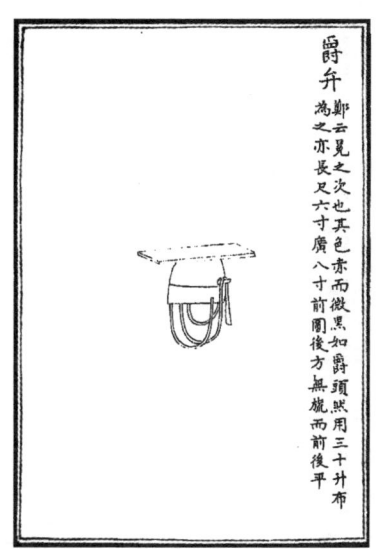

聂崇义《爵弁》图　　　陈祥道《爵弁》图

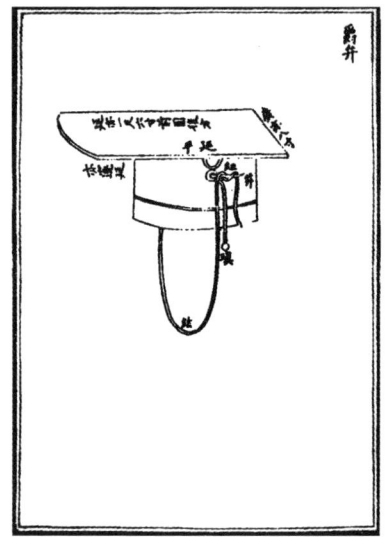 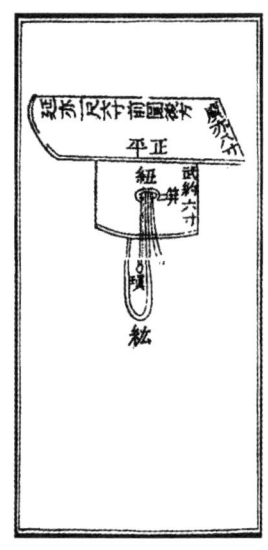

黄以周《爵弁》图　　　　　　曹元弼《爵弁》图

其 他

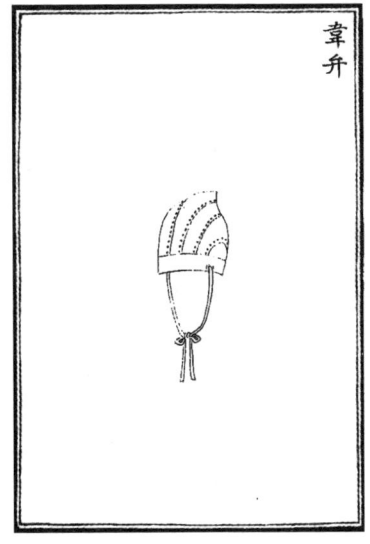

陈祥道《韦弁》图

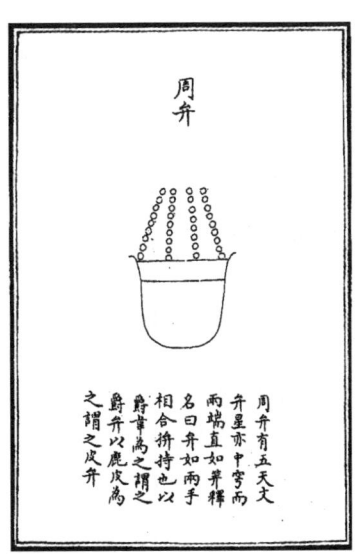

刘绩《周弁》图

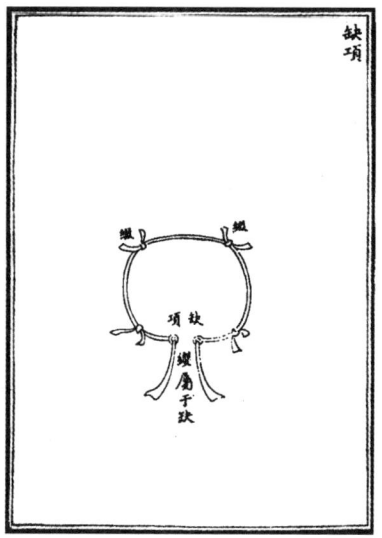

黄以周《缺项》图

丧 服

衣 裳

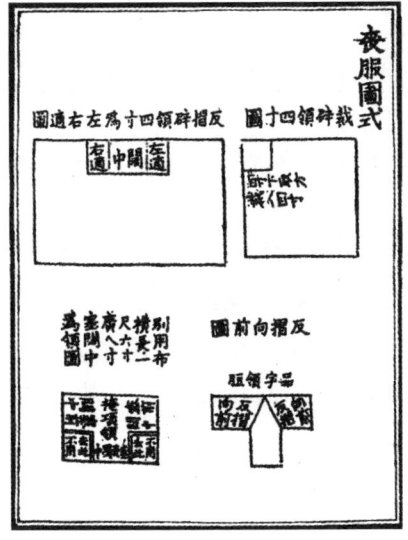

龚端礼《丧服图式》(一)

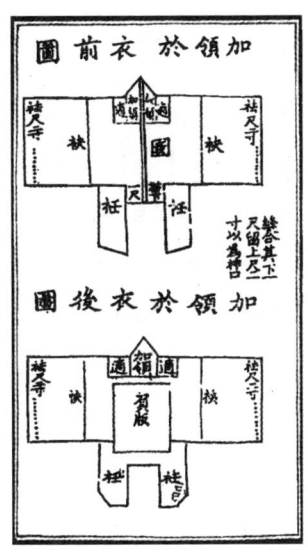

龚端礼《丧服图式》(二)

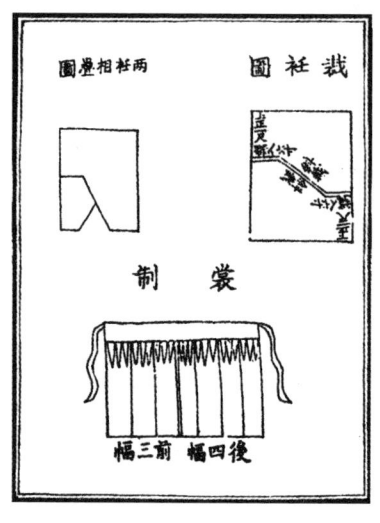

龚端礼《丧服图式》(三)　　刘绩《衰制》图

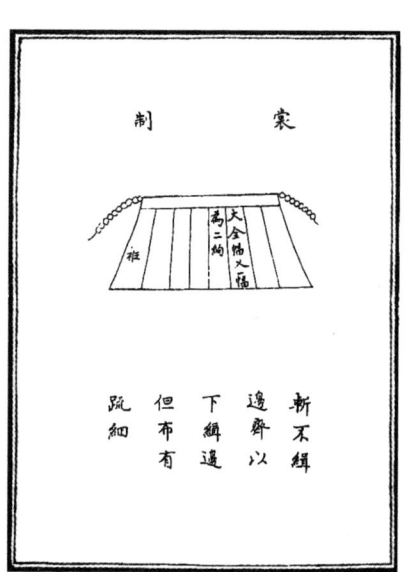

刘绩《裳制》图

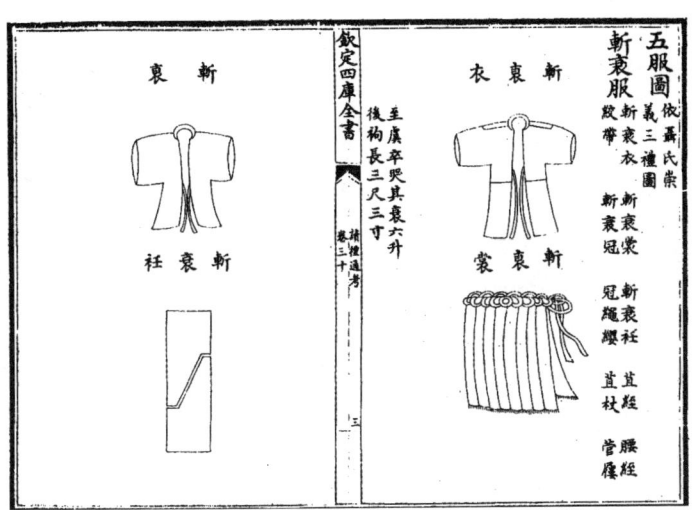

徐乾学《斩衰服》图

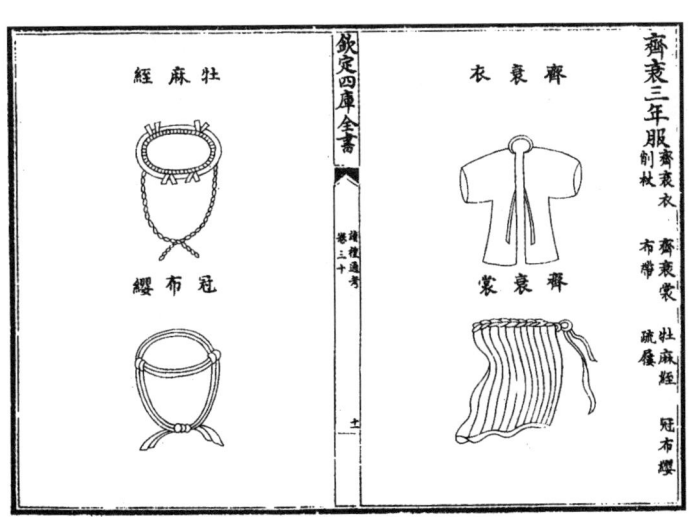

徐乾学《齐衰三年服》图

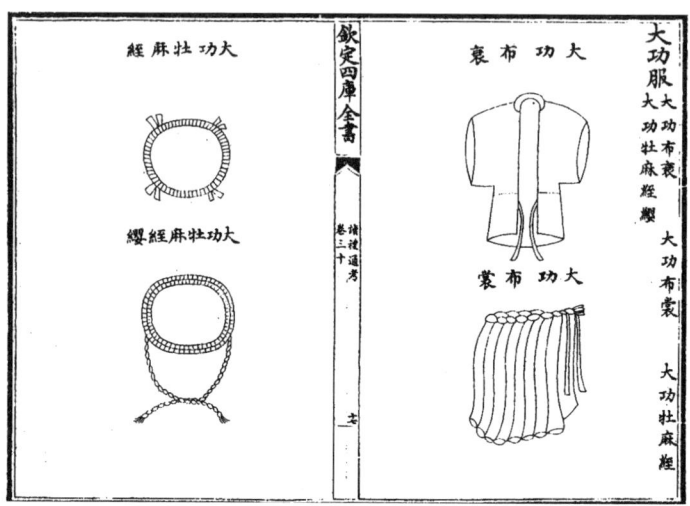

徐乾学《大功服》图

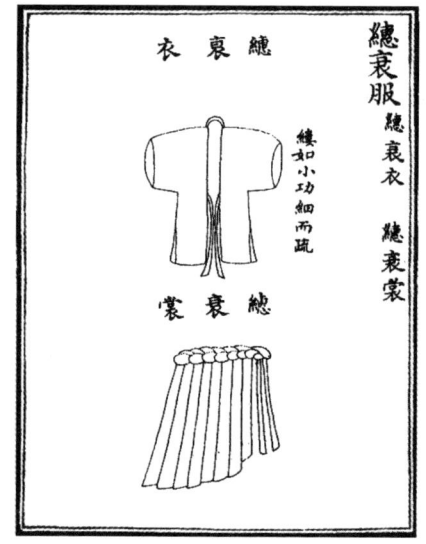

徐乾学《緦衰服》图

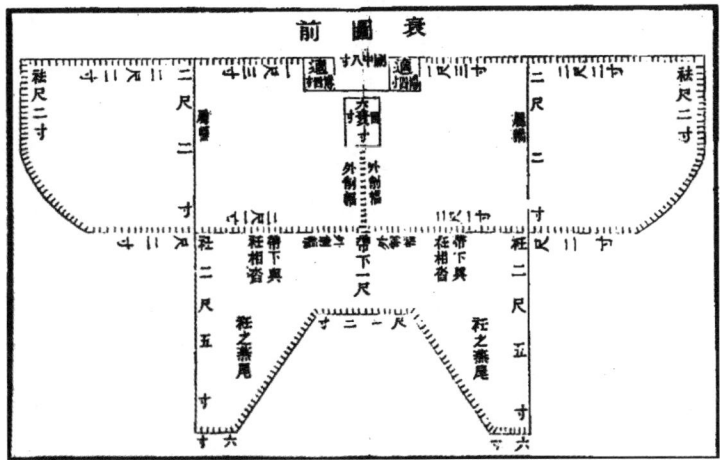

张锡恭《衰前图》

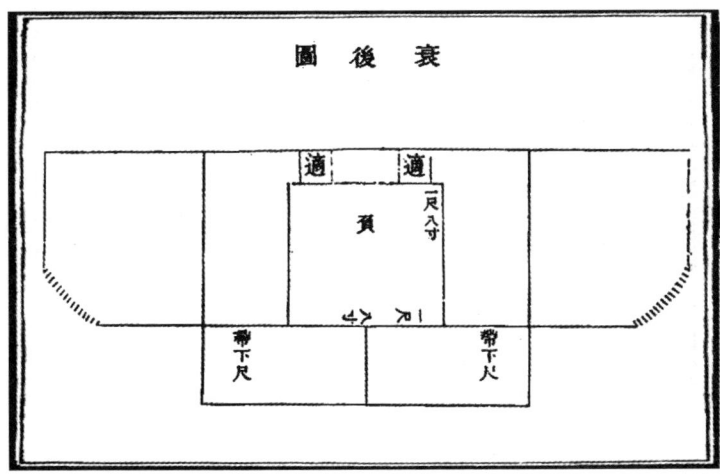

张锡恭《衰后图》

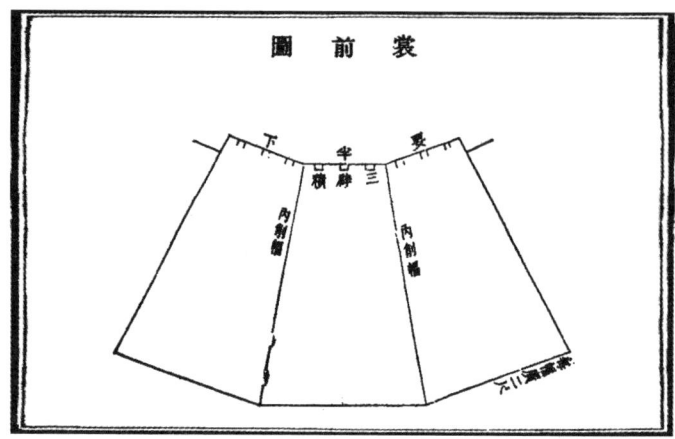

张锡恭《裳前图》

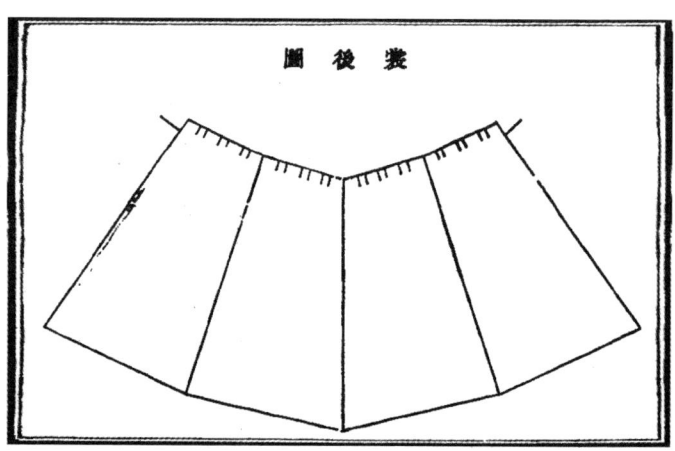

张锡恭《裳后图》

妇 人

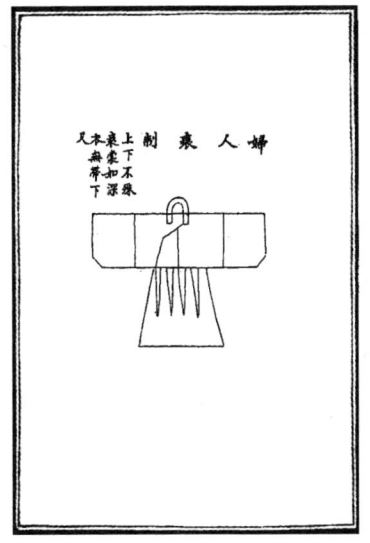 

刘绩《妇人衰制》图　　　徐乾学《殇小功妇人服》图

明　衣

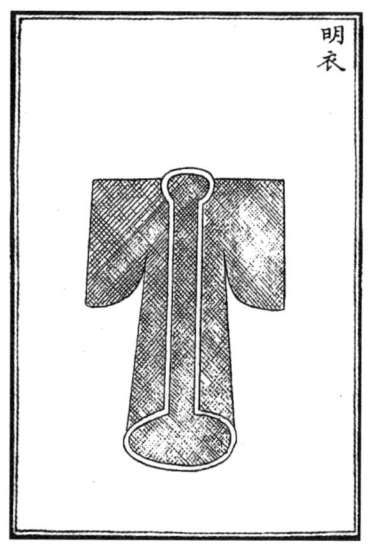

陈祥道《明衣》图

陈祥道《明衣之裳》图

其 他

龚端礼《冠图》

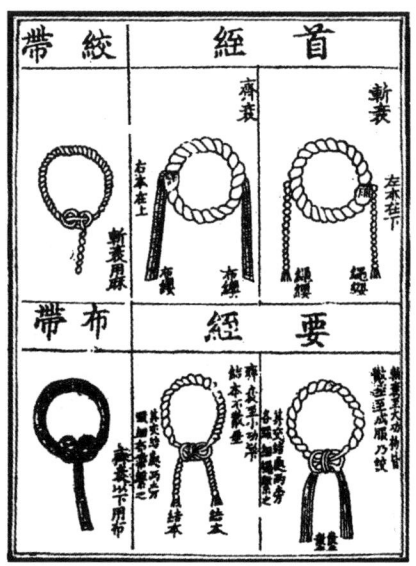

龚端礼《绖带图》

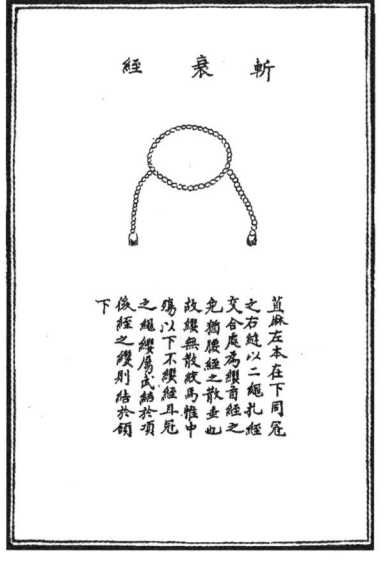

刘绩《绖图一》

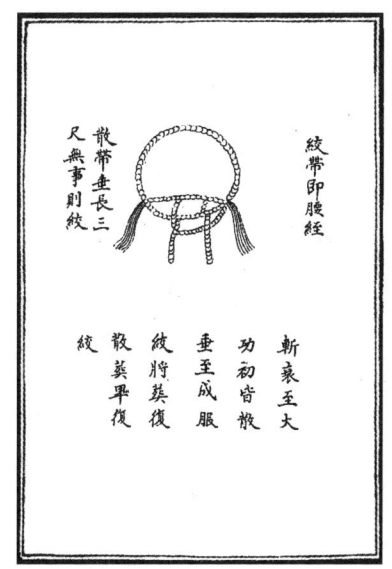

刘绩《绖图二》

 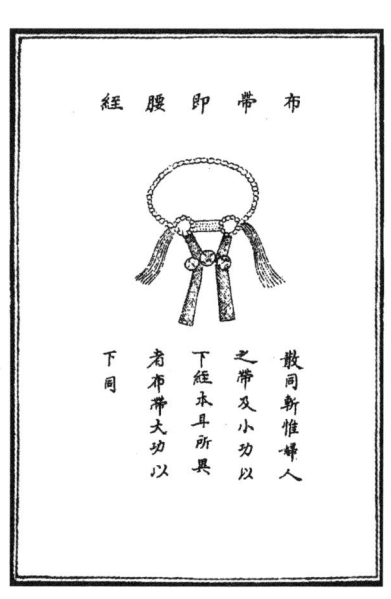

刘绩《绖图三》　　　刘绩《绖图四》

礼服卷 169

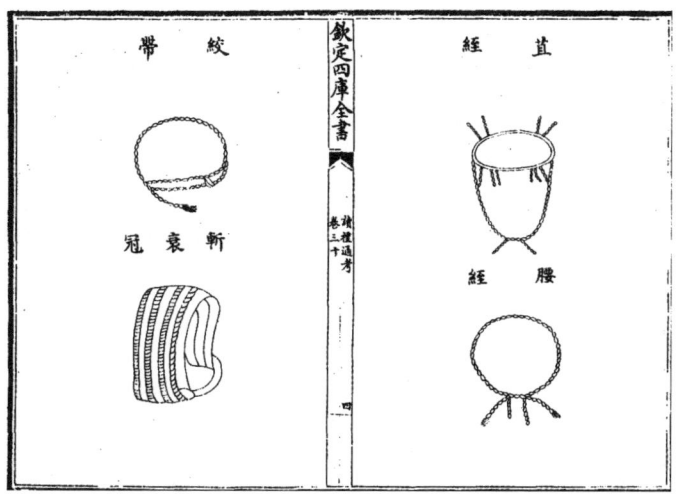

徐乾学《绖冠图》

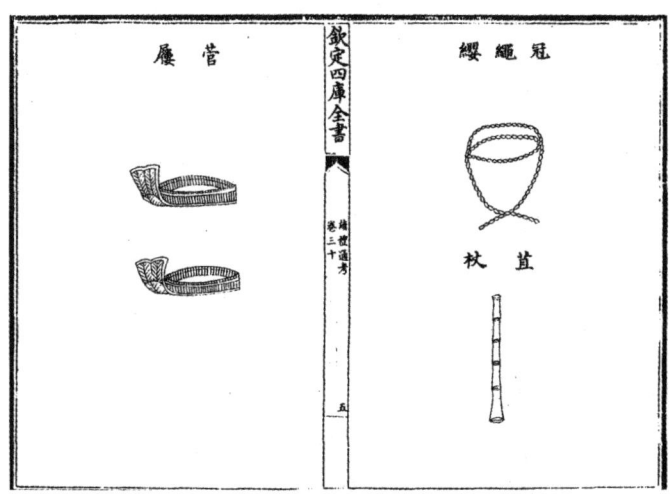

徐乾学《冠屦图》

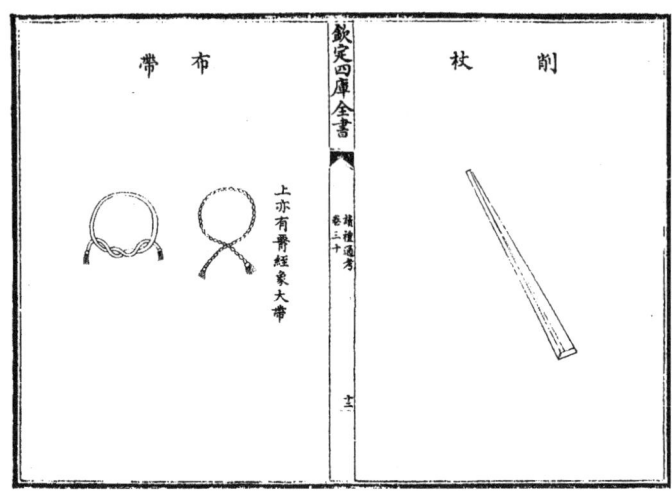

徐乾学《杖带图》

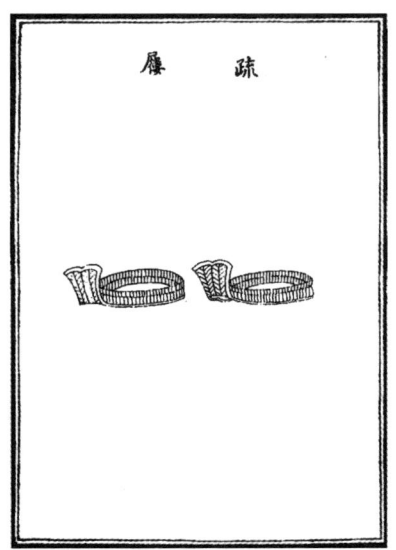

徐乾学《疏屦》图

礼服卷 171

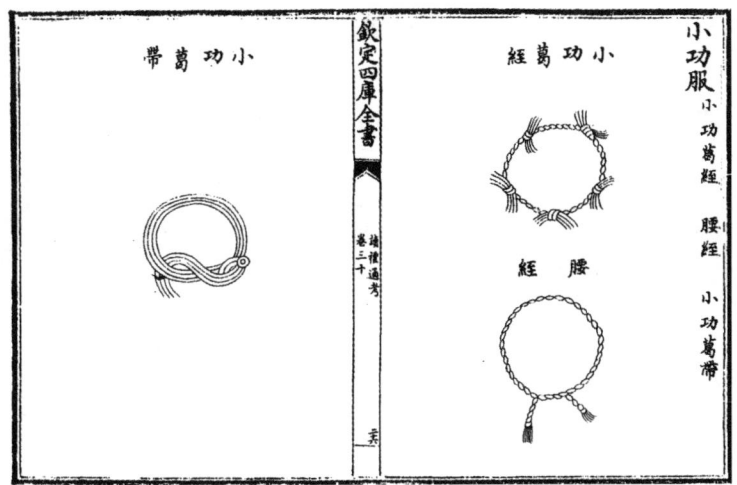

徐乾学《小功服》图

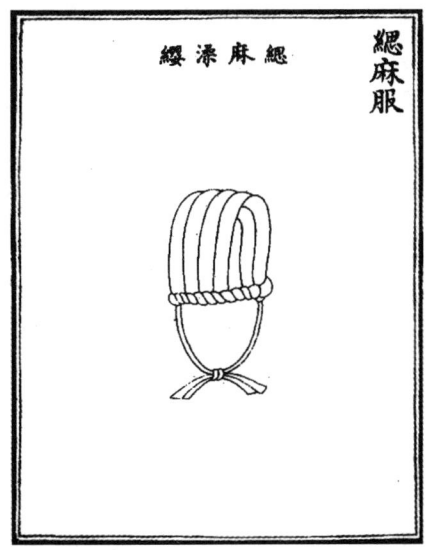

徐乾学《缌麻服》图

附表一

冕 天子和诸侯服虽不同，但头上戴的都是冕。冕的形制，上游一块长方形的模板叫作延，延下有一冠圈叫作武，延的前沿挂着的一串串小玉珠叫作旒，武的左右两边各有一贯笄的小孔叫作纽，笄两端系有固冠用的丝带叫作纮。天子诸侯冕虽同而旒数不同。陈祥道认为，天子十二旒，公九旒，下以二数递减。

裨冕 郑玄《仪礼注》曰："穿裨衣而冠冕。"按，据郑玄《仪礼注》，天子礼服有六种，即大裘、衮服、鷩服、毳服、绨服、玄服。除大裘外，其余五服统称裨服。天子根据行礼场合的不同穿不同的服。

这五种裨服诸侯和卿大夫也可以穿。诸侯分公、侯、伯、子、男五等，他们所穿的裨服也不用。公衮服，侯伯鷩服，子男毳服。此外，孤卿可穿绨服，大夫可穿玄服。据《周礼·春官·司服》郑玄《仪礼注》，这六道服都是玄衣、纁裳，它们的区别在于衣裳上面所装饰的章数，即花纹图案的多少不同。天子大裘十二章，即在衣裳上或画或绣日、月、星、山、龙、虫华（有五色文采的虫类）、宗彝（指虎蜼，蜼即一种长尾猿）、藻（水草）、火、粉米（白米）、黼（黑白相间）、黻（黑青相间）等十二种图案和花纹。衮服九章，即衣裳上或画或绣山、龙、虫华、宗彝、藻、火、粉米、黼、黻等九种图案和花纹。鷩服七章，即衣裳上或画或绣虫华、宗彝、藻、火、粉米、黼、黻等七种图案和花纹。毳服五章，即衣裳上或画或绣宗彝、藻、粉米、黼、黻等五种图案和花纹。绨服三章，即衣裳上或画或绣粉米、黼、黻等三种图案和花纹。玄服一章，即衣裳上或画或绣黻这一种图案和花纹。

天子衮冕 天子衮服亦九章，它与诸侯衮服的不同处在于其所画龙作升腾之形，而公，即诸侯，则无升龙。李如圭曰："衮者，卷龙衣也，上公亦服之，以无升龙为异。"郑玄《仪礼注》曰："其龙，天子有升龙。有降龙。"

爵弁 文冠，爵通"雀"，因此冠色赤而微黑，如雀头之色，故名爵弁。爵弁色赤而微黑，有延长一尺六寸、宽八寸，有武约六寸，用布三十升。爵弁与冕形制基本相同，仅比冕少旒，颜色不同而已。中国古代唯有大夫及以上级别的官员有资格戴冕，爵弁尊贵程度仅次于冕，是士这个阶层所被允许头戴的最高级冠。

爵弁服 配合爵弁穿的礼服，最尊，置于三服最北方。爵弁服的上衣名为纯衣，是一种缁色的丝衣；下裳穿浅绛色的纁裳；腰间系缁色丝带。爵弁服的蔽膝使用韎韐。韎韐也叫缊袚，专指用茜草染成的赤黄色韠。在各种场合之中，士所穿的韠颜色、名称有所区别，但形制相同，均用熟皮制成，长三尺，下广二尺，无挫角。搭配韎韐用黑色的玉衡。穿爵弁服时，鞋子要选用与下裳同色的纁屦，装饰物用黑色的绚、繶、纯。与黑屦、白屦相同，纁屦的纯同样宽一寸。爵弁服用布十五升。

韦弁 《释名》曰："以韎韦为之，谓之韦弁。"韎，赤黄色，韦弁即染成赤黄色的皮弁。据郑玄《仪礼注》，韦弁服是比皮弁服尊贵一等的礼服，上衣用赤黄色的布制成，下裳则为素裳。

皮弁 武冠，由多块白色鹿皮缝合而成，其形略似今之瓜皮帽。

皮弁服 配合皮弁所穿的礼服。皮弁所对应的皮弁服尊贵程度次于爵弁服，高于玄端服。皮弁服的上衣与冠同为素色，由白缯制成。下裳则穿白色带褶皱的裙子，名为素积。腰间系缁色丝带，蔽膝使用与衣裳颜色一致的素韠。素积所搭配的鞋子用大蛤壳研成的灰涂成白色,白屦的装饰物则是缁色的絇、繶、纯。与黑屦的镶边相同,纯宽一寸。皮弁服用布十五升。

缁布冠 汉蔡邕谓即委貌冠。缁布冠实际上是一块黑布,相传太古时代以白布为冠,若逢祭祀,就把它染成黑色,所以称为缁布冠。

玄冠 玄冠形制与缁布冠相似,同为缁布制成,仅冠上多出两缨,系于颔下以固冠。

缺项 为缁布冠的附属物,可以起到固定缁布冠的作用。

朝服 朝见国君或其他庄重场合穿的礼服,上穿缁衣,下着素裳,即类白色的裙。缁带,即黑缯制成的衣带。韠,蔽膝,古代一种遮蔽在身前的皮制服饰。素韠,周代大夫所佩的一种蔽膝。以白色熟皮制成,上为圆角,下两角内切。有别于天子、诸侯的"朱韠"。

玄端服 配合缁布冠所穿的礼服。又称元端,是古代中国的玄色礼服。郑玄《仪礼注》曰:"玄端即朝服之衣,易其裳耳。"玄端上衣纯用黑色,不加缘边。玄端为上衣下裳制,玄衣用布十五升,每片布长二尺二寸,因为古代的布幅窄,只有二尺二寸,所以每幅布都是正方形,端直方正,故称端。又因为玄端服无章采纹饰,也暗合了正直端方的内涵,所以这种服制称为"玄端"。玄端有时亦指朝服。朝服是诸侯和群臣每日视朝之服,包括玄冠、缁布衣、素裳、缁带、素韠。

朝服与玄端服均为玄冠、缁布衣,所不同者,朝服之裳为素裳,玄端服为玄裳。士分三等,据郑玄推断,下裳应依加冠者的身份等级分为玄裳、黄裳、杂裳三种颜色。天玄地黄,天尊地卑,因此上士裳玄色,中士裳黄色,下士裳前玄后黄。

采衣 即未冠者所服的童子衣,此衣用缁布做成,镶以朱锦边,并用朱锦做绅带,因而名为采(彩)衣。着采衣者不带冠,仅紛，即用朱锦束发为髻。配合穿白色无絇的童子屦。

袗玄 上下同色的玄衣、玄裳。郑玄《仪礼注》曰："袗，同也。玄者，玄衣玄裳也……古文袗为均也。"即衣、裳、带、韠同为玄色。

颖黼 颖即类今之披肩，黼为礼服上所绣白黑相间的花纹。颖黼即刺绣有黼纹的禅披肩。

裼 古人礼服之制，冬衣裘，夏衣葛，裘葛之上有罩衣，即是裼。裼上又加正服，即朝服或皮弁服等。如非盛礼，则开正服前襟，袒出左袖而见裼衣，此谓裼；如当盛礼，则必穿好左袖，掩好正服前襟，此谓袭。裼为见美，即见内服之美，袭为充美，充犹覆也。因盛礼尚质，故要把内服之美掩盖起来。

纯衣纁袡 纯衣为黑色丝衣，袡为衣裳的下缘。贾公彦《仪礼疏》认为，妇人衣裳不异色，故也当为黑色。

景 郑玄《仪礼注》曰："景之制盖如明衣，加之以为行道御尘，令衣鲜明也。景亦明也。"即待嫁女登车时，加在衣外的一种罩衣，由丝织的纱所制成的一种禅罩衣。

宵衣 黑色的丝服。古代妇女助祭时所穿。宵，通"绡"。《仪礼·士昏礼》："姆纚笄宵衣在其右。"郑玄《仪礼注》："宵，读为《诗》'素衣朱绡'之绡；《鲁诗》以绡为绮属也；姆，亦玄衣；以绡为领，因以为名，且相别耳。"《仪礼·特牲馈食礼》："主妇纚笄宵衣，立于房中，南面。"郑玄《仪礼注》："宵，绮属也。此衣染之以黑，其缯本名宵……凡妇人助祭者同服也。"

斩衰 斩，谓裁割布料。李如圭曰："裁割而曰斩，取痛甚之意。"又据《传》说，斩谓不缉边，即不将裁割后的布的毛边缝齐。郑玄《仪礼注》曰："凡服，上曰衰，下曰裳。"斩衰丧冠为用一条麻绳，从前额绕到后颈，在后颈相交而过，再向前绕到头的左右两侧，在当耳处缝缀住。这个围绕头部的绳圈就叫作武，也就是冠圈，多余的部分则从耳上垂下而为缨。又用一条宽两寸，且有三条向右折的纵向褶皱的布，从武的前端也即前额上，覆至后项。此为冠梁，亦简称冠，而使武缝缀在冠上。丧履为草鞋，且编此草鞋收头时要一律将草之余头露在外面。

齐衰 亦作"齐縗"，丧服。"五服"中列位二等，次于斩衰。其服以粗疏的麻布制成，衣裳分制，缘边部分缝缉整齐，故名。有别于斩衰的毛边。齐衰丧冠形制与斩衰之冠同，只是用布代替麻绳。牡麻做首绖，篦草或蒯草编的粗草鞋。

大功 用一种经人工粗略捶洗的布做衰裳，缝齐布的毛边。据胡培翚说，大功服之冠缨为布缨，腰间为布带，屦亦为绳屦。

小功 用比大功布捶洗更细密的布做衰裳，用经过濯洗的麻做带和首绖、腰绖。

缌麻 胡培翚说："谓以缌布为衰裳，以麻为绖带，故服名缌麻也。"缌布即一种细麻布，所用缌十五升抽去一半，缌加工得细如丝，而布在捶洗时不加灰。

苴绖 苴，一种结子的麻。绖，缠在头上和腰间的孝带。苴绖是加在丧冠上面的。

绳带 即苴绞带，一种麻做的孝带系在腰间。其径围当细如腰绖。

绳缨 麻绳做的冠缨。

长衣 郑玄《仪礼注》曰："素纯布衣也。"即镶白边的布衣，形制为一种衣与裳相连之衣。

练冠 胡培翚说："练布为冠。"所谓练布，是一种煮的洁白柔软的布。练冠见于《聘礼》，因聘礼为吉事，郑玄《仪礼注》曰："不得以纯凶接纯吉。"因此主人变异其服，就可以接受宾之聘礼了。

附表二

年代	作者	著作	图表	出处	页码	附注
五代宋初	聂崇义	《三礼图集注》	大裘	《四库全书》第129册经部卷一	6	
			衮冕		6	
			鷩冕		7	
			毳冕		8	
			絺冕		9	
			玄冕		9	
			韦弁		10	
			皮弁		10	
			冠弁		11	
			玄端		12	
			三公毳冕		12	
			上公衮冕		13	
			侯伯鷩冕		14	
			子男毳冕		15	
			絺冕		15	
			卿大夫玄冕		16	
			爵弁		17	
			皮弁		18	
			诸侯朝服		19	
			士玄端		19	
			祎衣	《四库全书》第129册经部卷二	22	
			揄翟		23	
			阙翟		24	
			鞠衣		24	
			展衣		25	展又作襢
			褖衣		26	
			纯衣		27	纁袡
			宵衣		28	

续表 1

年代	作者	著作	图表	出处	页码	附注
五代宋初	聂崇义	《三礼图集注》	童子服	《四库全书》第129册经部卷三	34	将冠者
			缁布冠		35	三制
			太古冠		36	新增
			缁布冠		36	新增
			周制		37	横缝者
			頍项		38	
			青组缨		38	
			纚		39	
			皮弁		39	
			爵弁		40	
			笄		40	
			紘		41	
			委貌		43	如进贤冠
			委貌		43	如皮弁者
			委貌		43	张镒图制
			委貌		43	梁正法
			毋追		43	
			章甫		43	
			周弁		44	
			通天冠		45	
			远游冠		46	
			高山冠		46	
			长冠		47	
			法冠		47	
			建华冠		48	
			武弁大冠		48	

续表 2

年代	作者	著作	图表	出处	页码	附注
五代宋初	聂崇义	《三礼图集注》	术氏冠	《四库全书》第 129 册经部卷三	49	
			方山冠		50	
			巧士冠		50	
			却非冠		51	
			樊哙冠		51	
			却敌冠		52	
			章甫冠		52	
			四冕		53	
			十二旒		53	
			七旒		53	
			九旒		53	
			三冠		54	皆进贤冠
			斩衰衣	《四库全书》第 129 册经部卷十五	214	
			斩衰裳		214	
			斩衰		214	
			斩衰衽		216	
			苴绖		217	
			腰绖		218	
			绞带		218	
			斩衰冠		219	
			冠绳缨		219	
			苴杖		220	
			菅屦		220	
			齐衰衣	《四库全书》第 129 册经部卷十六	225	
			齐衰裳		225	
			牡麻绖		226	
			冠布缨		226	

续表 3

年代	作者	著作	图表	出处	页码	附注
五代宋初	聂崇义	《三礼图集注》	削杖	《四库全书》第 129 册 经部 卷十六	227	
			布带		227	上亦有腰绖
			疏屦		228	
			大功布衰		229	
			大功布裳		229	
			大功牡麻绖		230	中殇降在小功者，绖无缨
			大功牡麻绖缨		230	长殇与正服同
			繐衰衣		231	缕如小功，细而疏
			繐衰裳		231	
			殇小功		232	连衣裳妇人服特图此者，明斩衰至缌麻妇人衰裳皆然
			小功葛绖		232	
			腰绖		232	
			小功葛带		232	上亦有腰绖
			缌冠澡缨		234	
北宋	陈祥道	《礼书》	十二章之服	《四库全书》第 130 册 经部 卷一	3	冕十二旒，旒十二玉，前后各用玉百四十有四。缫玉，五采
			大裘而冕		3	冕十二旒，旒十二玉，前后各用玉百四十有四。缫玉，五采
			衮冕		3	冕十二旒，旒十二玉，前后各用玉百四十有四。缫玉，五采
			鷩冕		4	冕九旒，旒十二玉，共玉二百一十六。缫玉，五采

续表 4

年代	作者	著作	图表	出处	页码	附注
北宋	陈祥道	《礼书》	衮冕	《四库全书》第 130 册经部卷二	14	冕七旒，旒十二玉，共玉百六十八，缫玉五采
			希冕		14	冕五旒，旒十二玉，共玉百二十，缫玉五采
			玄冕		15	冕三旒，旒十二玉，共玉七十二，缫玉五采
			上公龙衮	《四库全书》第 130 册经部卷三	19	缫九就，前后各九旒，旒九玉，共玉百六十二，缫玉三采，朱白苍，执桓圭
			侯鷩冕		19	缫七就，前后各七旒，旒七玉，共玉九十八，缫玉皆三采，执信圭
			伯鷩冕		19	缫七就，前后各七旒，旒七玉，共玉九十八，缫玉皆三采，执躬圭
			子毳冕		20	缫五就，前后各五旒，旒五玉，用玉五十，缫玉皆三采，执谷璧
			男毳冕		20	缫玉采如子之数，执蒲璧
			王之三公鷩冕		20	缫八就，前后各八旒，旒八玉，用五百二十八，执圭射则执璧。《书》曰：周公秉圭以冕观之盖，执信圭。先儒曰：执桓圭
			王之孤毳冕		20	缫六就，前后各六旒，旒六玉，用玉七十二，执皮帛
			王之卿毳冕		21	缫六就，前后各六旒，旒六玉，用玉七十二，缫玉皆朱绿执羔
			王之大夫希冕		21	缫四就，前后各四旒，旒四玉，用玉三十二，缫玉皆朱绿执雁

续表 5

年代	作者	著作	图表	出处	页码	附注
北宋	陈祥道	《礼书》	诸侯之孤希冕	《四库全书》第130册经部卷三	21	缫玉采如王之大夫，执皮帛
			诸侯之卿玄冕		21	缫三就，前后各三旒，旒三玉，用玉五十八，执羔
			诸侯之大夫玄冕		22	再命之大夫，缫再就，用玉八，一命之大夫，缫一就，用玉二，执雁
			诸侯祭服	《四库全书》第130册经部卷四	26	玄冕三旒，缫就与玉，如其命之数玄端衣
			玄端		26	素端如之其色不同
			綖		26	郑玄曰：延冕之覆在上
			武		26	郑玄曰：武冠卷也古者冠卷殊
			纽		27	
			缫		27	郑玄曰：缫杂文之名，合五采丝为之绳，垂于延之前后各十二，所谓邃延此，王者之制也，诸侯而下有差
			紘	《四库全书》第130册经部卷五	32	郑玄曰：屈组为紘垂为饰
			缨		32	二组属于笄顺颐而下结之，谓之缨。缨之垂者，谓之緌
			天子诸侯瑱		32	玄纮黄纩
			卿大夫瑱		33	玄纮青纩
			士瑱		33	玄纮素纩
			衡		33	郑玄曰：衡玉为之祭服，有衡垂于副之两旁当耳，其下以纮悬瑱
			笄		33	郑玄曰：笄卷发者玉为之，长尺二寸
			髻笄		34	桑为之长，四寸缫中

续表6

年代	作者	著作	图表	出处	页码	附注
北宋	陈祥道	《礼书》	皮弁	《四库全书》第130册经部卷六	39	缝中贯玉以为饰，其衣用布十五升而裳素积
			韦弁		39	
			爵弁		39	郑云：冕之次也，其色赤而微黑，如爵头，然用三十升布为之，亦长尺六寸，广八寸，前圆后方，无旒而前后平
			裳		40	裳有纁有素黄有玄有杂，纁裳缁袘明衣之裳纁缘，其余推此可知
			冠制		49	有梁有武有缨有緌有纯
			母追冠	《四库全书》第130册经部卷八	50	状如覆杯
			委貌冠		50	《释名》曰委貌上小下大
			缁布冠		50	不緌
			后世缁布冠		50	有緌
			天子始冠之冠	《四库全书》第130册经部卷九	55	玄冠朱组缨
			诸侯始冠之冠		56	缁布冠缋緌
			诸侯齐冠		56	玄冠丹组缨
			士齐冠		56	玄冠綦组缨綦苍艾色
			子姓冠		56	缟冠玄武其制厌
			既祥冠		57	缟冠素纰其制厌无緌
			惰游冠	《四库全书》第130册经部卷十、卷十一	59	缟冠素纰其制厌垂緌五寸
			不齿冠		59	玄冠缟武
			大白冠		59	其制厌不緌
			黄冠		60	
			黄衣		60	

续表7

年代	作者	著作	图表	出处	页码	附注
北宋	陈祥道	《礼书》	深衣	《四库全书》第130册经部卷十	60	郑氏云：用五十升布锻濯灰治，盖以杂记朝服十五升深衣其类也，故云然
			长衣		60	制如深衣其袂长
			诸侯中衣		65	制如深衣其领绣黼
			大夫士中衣		66	其领丹
			衽		66	
			纚		66	缁色
			髦	《四库全书》第130册经部卷十一	66	角羁夹囟曰角
			羁		67	午违曰羁
			组总		67	
			锦总		67	
			布总		67	
			明衣		68	
			明衣之裳		68	
			黼裘	《四库全书》第130册经部卷十二	72	郑氏曰：以羔与狐白杂为黼文
			羔裘		73	黑羔裘
			麛裘		73	青豻袖豻胡犬也
			鹿裘		73	长祛
			狐白裘	《四库全书》第130册经部卷十三	77	
			狐青裘		78	豹袖
			黄衣狐裘		78	
			狸裘		78	青
			虎裘		78	黄
			狼裘		79	黄
			熊裘		79	缁色
			黑裘		79	

续表8

年代	作者	著作	图表	出处	页码	附注
北宋	陈祥道	《礼书》	天子素带	《四库全书》第130册经部卷十四	81	素为带，朱里竟带之身辟积焉，饰以朱绿，带之结处有组，又以组贯其纽而约之，垂长三尺与带广四寸约纽组广三寸，其饰朱上绿下
			诸侯素带		82	素带不以朱里亦朱绿饰，终辟广长与天子同
			大夫素带		82	素带不终辟饰以玄华，大夫以上素带，士练带，弟子缟带，皆帛为之
			士练带		82	练带辟积其朱三寸，其广不至四寸，绅组长三尺。郑氏谓：士以下皆禅而率。然杂记于诸侯亦言率带，则率不特施于禅也
			革带		82	
			居士锦带		83	
			弟子缟带		83	
			深衣带	《四库全书》第130册经部卷十五	86	
			童子锦绅		87	
			觺鉴		87	
			率带		87	
			布带		87	
			王冕服赤舄		88	黑絇繶纯
			皮弁服白舄		88	青絇繶纯
			冠弁服黑舄		88	赤絇繶纯
			后袆衣玄舄		88	黄絇繶纯
			揄狄青舄		89	白絇繶纯
			阙狄赤舄		89	黑絇繶纯
			鞠衣黄屦		89	白絇繶纯
			展衣白屦		89	黑絇繶纯
			褖衣黑屦		90	青絇繶纯

续表 9

年代	作者	著作	图表	出处	页码	附注
北宋	陈祥道	《礼书》	繶	《四库全书》第130册经部卷十六	93	
			絇		93	
			綦		93	
			袜		94	
			童子服		94	缁布衣、锦缘、锦绅、并纽锦束发
			童子屦		94	白屦无絇
			后袆衣	《四库全书》第130册经部卷十七	98	袆衣后，祭先王之服也。上公如王之服则上公之夫人如后之服。《礼记》言：夫人副袆是也。鲁非上公亦尊其服者以周公之后故也，其色玄
			揄狄		99	揄狄，后祭先公之服也。《玉藻》曰：夫人揄狄。《杂记》曰：复夫人税衣揄狄。盖三夫人三公之妻及侯伯之夫人皆揄狄也。王姬嫁于诸侯。车服下王后一等亦揄狄。特雉数与三公之妻侯伯之夫人异耳。其色青
			阙狄		99	后祭群小祀之服。《玉藻》曰：君命屈狄。《丧大记》曰：复夫人以屈狄，皆子男之夫人也。其色赤
			鞠衣		99	《月令》：春，天子乃荐鞠衣于先帝。盖荐之于祀告将服之以蚕。郑氏曰：太皡之属是也。孔颖达曰：荐鞠衣者，荐于神座以求福祥也。司服辨外，内命妇之服鞠衣、展衣、褖衣。《玉藻》曰：再命鞠衣。郑氏曰：内命妇之服，鞠衣九嫔也。展衣世妇也。褖衣女御也。外命妇其夫孤也。则服鞠。其夫卿大夫也，则服展衣。其夫士也，则服褖衣。其色黄，无雉，余同袆衣制

续表 10

年代	作者	著作	图表	出处	页码	附注
北宋	陈祥道	《礼书》	展衣	《四库全书》第130册经部卷十七	99	诗曰：其之展也。郑氏曰：后见王及宾客服之，然则内外命妇之鞠衣、展衣、褖衣则其助祭之服也，其色白，无袡，余同袆衣制
			褖衣		100	纁袡，素里，色紫，无袡，余同袆衣制
			士褖衣		100	赤袡，素里，色紫，无袡，余同袆衣
			宵衣	《四库全书》第130册经部卷十八	105	染之以黑
			袗玄衣		105	纁黼黑
			景衣		105	白
			褧衣		105	白
			射服	《四库全书》第130册经部卷一百七	660	大夫鷩冕燕射皮弁
元代	龚端礼	《五服图解》	丧服图式	《续修四库全书》第95册燕射皮弁	114	
			加领于衣前图		114	
			加领于衣后图		114	
			裁衽图		115	
			制裳		115	
			斩衰冠		115	
			齐衰冠		115	
			首绖		116	
			绞带		116	
			腰绖		116	
			布带		116	

续表 11

年代	作者	著作	图表	出处	页码	附注
明代	刘绩	《三礼图》	縰	《四库全书》第129册经部卷二	332	
			总		332	
			缁布冠		333	
			頍		333	
			夏毋追		334	
			殷章甫		334	
			周委皃		334	即玄冠
			有虞氏皇		334	
			夏收		336	
			殷冔		336	
			周弁		336	
			冕		337	
			大裘冕		340	
			纨瑱		341	
			深衣	《四库全书》第129册经部卷三	342	
			大带说见玉藻		343	
			玄端		343	
			帷裳		343	
			大裘		344	
			黼裘		344	
			天子火龙直		345	
			诸侯火山前后方		345	
			大夫山前后挫角		345	
			士韎韦前后正		345	
			革带		346	
			佩		346	

续表 12

年代	作者	著作	图表	出处	页码	附注
明代	刘绩	《三礼图》	幅	《四库全书》第129册经部卷三	346	
			履		346	
			本宗九族图		348	
			变父母大夫士妾母服图		348	
			从服母党图		349	
			妻从服夫党图		349	
			大宗小宗图		349	
			臣从君服		350	
			斩衰经		352	
			绞带		352	即腰经
			菅履		352	
			竹杖		352	
			齐衰经		353	
			布带		353	即腰经
			疏履		353	
			削杖亦圆		353	
			冠		354	
			武		354	
			衰制		354	
			裳制		354	
			妇人衰制		356	
			括发以麻		356	
			括发以布		356	
			免		356	
			吉笄		356	
			恶笄		356	
			笄		357	

续表 13

年代	作者	著作	图表	出处	页码	附注
清代	徐乾学	《读礼通考》	斩衰衣	《四库全书》第112册卷三十	626	
			斩衰裳		626	
			斩衰		626	
			斩衰衽		626	
			苴绖		627	
			腰绖		627	
			绞带		627	
			斩衰冠		627	
			冠绳缨		627	
			苴杖		627	
			菅屦		627	
			齐衰衣		630	
			齐衰裳		630	
			牡麻绖		630	
			冠布缨		630	
			削杖		631	
			布带		631	
			疏屦		631	
			大功布衰		633	
			大功布裳		633	
			大功牡麻绖		633	
			大功牡麻绖缨		633	
			缌衰衣		635	
			缌衰裳		635	
			殇小功妇人服		636	
			笄		636	
			布总		636	

续表 14

年代	作者	著作	图表	出处	页码	附注
清代	徐乾学	《读礼通考》	小功葛绖	《四库全书》第112册卷三十	638	
			腰绖		638	
			小功葛带		638	
			缌麻服		639	
			杨信斋仪礼图		651	
			衰衣前图		651	
			衰衣后图		651	
			制裳		651	
			陈祥道《礼书》吉凶冠式冠制		662	
			周委貌冠		662	
			夏毋追冠		662	
			缁布冠		662	
			子姓冠		662	
			既祥冠		662	
			大白冠		662	
			斩衰冠		664	家礼丧冠图
			齐衰冠		664	
			纚		675	以下三图本陈氏礼书
			笄		675	
			布总		675	
			士丧礼所用若干	《四库全书》第114册卷九十五		皆聂氏图或刘氏图
	江永	《礼书纲目》附录	深衣裁布图	《四库全书》第134册	620	
			深衣裳裁布图		620	
			深衣前图		621	

续表 15

年代	作者	著作	图表	出处	页码	附注
清代	江永	《礼书纲目》附录	深衣后图	《四库全书》第134册	621	
			家礼深衣前图		621	
			家礼深衣后图		622	
			家礼着深衣前两襟相掩之图		622	
		《深衣考误》	深衣裁布图	《清经解》第二册第三十种卷一	1940	
			深衣裳裁布图		1940	
			深衣前图		1940	
			深衣后图		1940	
			旧说深衣裳裁布图		1941	
			旧说深衣裳图		1941	
			家礼深衣后图		1941	
			家礼深衣前图		1941	
			家礼着深衣前两襟相掩图		1941	
		《乡党图考》	冕服九章图	《清经解》第二册第三十三种卷一	2018	
			龙		2018	
			火		2018	
			粉米		2018	
			山		2018	
			虎蜼		2018	
			黼		2018	
			华虫		2018	
			藻		2018	
			黻		2018	
			冕弁冠图		2018	

续表 16

年代	作者	著作	图表	出处	页码	附注
清代	江永	《乡党图考》	冕	《清经解》第二册第三十三种卷一	2018	
			皮弁		2018	
			爵弁		2018	
			元冠		2018	
			衣裳图		2019	
			帷裳		2019	
			韍佩图		2019	
			韍		2019	
			佩		2019	
			鞸		2019	
			孔子佩		2019	
			深衣裁布图		2019	
			裁衣正身		2019	
			裁袂与袪		2019	
			裁前右外襟		2019	
			深衣裳裁布图		2019	
			裁裳前襟后裾		2019	
			裁钩边		2019	
			裁裳衽		2019	
			附帷裳之衽		2019	
			附小要形		2019	
			深衣前图		2020	
			深衣后图		2020	
			深衣裳孔疏订误图		2020	

续表 17

年代	作者	著作	图表	出处	页码	附注
清代	张惠言	《仪礼图》	天子冕	《清经解续编》第十册卷五十七	1642	
			笄		1642	
			天子弁		1642	
			爵弁		1642	
			元冠		1643	
			缁布冠		1643	
			裁衽		1643	
			端衣		1643	
			侈袂		1643	
			裳		1644	
			裁衣身		1644	
			裁袂		1644	
			前右外襟		1644	
			裁裳前襟后裾		1644	
			裁钩边		1644	
			深衣前		1644	
			深衣后		1644	
			附图		1644	深衣
			天子带诸侯唯素裹为异		1644	
			大夫带		1644	
			士带有司带不裨为异		1644	
			天子直		1646	
			诸侯前后方		1646	
			大夫前方后挫角		1646	
			舄		1646	深衣
			屦		1646	

礼服卷 195

续表 18

年代	作者	著作	图表	出处	页码	附注
清代	陈奂	《毛诗说》	冕服	《清经解续编》第十一册卷一百十六衣服图说	4158	
			裳		4158	
			深衣		4158	
	黄以周	《礼书通故》	天子衮冕	《续修四库全书》第112册卷四十九名物一	544	
			天子皮弁		545	
			爵弁		546	
			冠弁		546	
			元冠		547	
			太古冠一		547	
			太古冠二		547	
			缁布冠		547	
			委貌一		547	
			委貌二		548	
			夏毋追		548	
			殷章甫		548	
			周弁		548	
			缺项		548	
			緌缨		549	
			纮		549	
			衣一		550	
			衣二		550	
			衣三		550	
			衣四		550	
			裁衽法		551	
			小腰		551	
			裳前三幅		551	

续表 19

年代	作者	著作	图表	出处	页码	附注
清代	黄以周	《礼书通故》	后四幅	《续修四库全书》第112册卷四十九名物一	551	裳
			天子衮服		552	
			深衣前		552	
			深衣后		552	
			袡衣		553	
			纚		553	
			总		553	
			栉		554	
			笄		554	
			瑱		554	
			君带		555	
			士带		555	
			天子直		555	
			诸侯前后方		555	
			大夫前方后挫角		556	
			郑注公侯韠		557	
			大夫韠		557	
			吴澄公侯韠		558	
			大夫韠		558	
			韨		559	
			玉佩 诗家说		559	
			玉佩 礼家说		559	
			舄		560	
			履		560	

续表 20

年代	作者	著作	图表	出处	页码	附注
清代	黄以周	《礼书通故》	绳缨条属	《续修四库全书》第112册卷四十九名物四	650	
			丧冠		650	
			苴绖		650	
			腰绖		650	
			绞带		650	
			环绖不纠		650	
			郑注斩衰		651	
			新定斩衰前		651	
			新定斩衰后		651	
			斩衰裳		652	
			新定斩衰裳		652	
			妇人斩衰		652	
			苴杖		653	
			削杖		653	
			菅屦		653	
			明衣		653	
	吴之英	《寿栎庐仪礼奭固礼器图》	玄冠	《续修四库全书》第93册士冠礼一	603	
			朝服		604	
			缁带		604	
			素韠		605	
			爵弁		607	
			纁裳		607	
			纯衣		608	
			靺韐		608	
			皮弁		608	
			素积		608	
			玄端		608	

续表 21

年代	作者	著作	图表	出处	页码	附注
清代	吴之英	《寿栎庐仪礼奭固礼器图》	玄裳	《续修四库全书》第93册 士冠礼一	609	
			黄裳		609	
			杂裳		609	
			爵韠		609	
			缁布冠		609	
			缁纚		609	
			皮弁笄		609	
			爵弁笄		609	
			缁组纮		609	
			袗玄		613	
			采衣		613	
			紟		613	
			葛屦		616	
			黑屦		616	
			白屦		617	
			纁屦		617	
			皮屦		617	
			緫屦		617	
			纁裳缁袘	《续修四库全书》第93册 士昏礼二	623	
			袡		623	
			纯衣纁袡		623	
			纚		624	
			宵衣		624	
			袗玄		624	
			缨		625	
			衿		626	
			帨		626	

续表 22

年代	作者	著作	图表	出处	页码	附注
清代	吴之英	《寿栎庐仪礼奭固礼器图》	薰褕	《续修四库全书》第93册乡射礼五	649	
			朱褕		649	
			韦弁	《续修四库全书》第93册聘礼八	664	
			长衣		665	
			练冠		666	
			君聘麛裘		666	
			私丧居馆裘		667	
			冕	《续修四库全书》第93册觐礼十	672	
			大裘冕裼服		672	
			衮冕衮冕服		672	
			鷩冕鷩冕服		672	
			毳冕毳冕服		673	
			希冕希冕服		673	
			玄冕玄冕服		673	
			斩衰裳	《续修四库全书》第93册丧服十一	676	
			苴绖		676	
			绞带		677	
			冠绳缨		677	
			菅屦		678	
			布总		678	
			箭笄		678	
			髽		679	
			布带		679	
			绳屦		679	
			疏衰裳齐		679	
			牡麻绖		679	

续表 23

年代	作者	著作	图表	出处	页码	附注
清代	吴之英	《寿栎庐仪礼奭固礼器图》	冠布缨	《续修四库全书》第93册丧服十一	679	
			疏履		679	
			麻履		679	
			大功布衰裳		680	
			樱垂绖		680	
			不樱垂绖		680	
			缨绖		681	
			不缨绖		681	
			大功受小功衰即葛		681	
			繐衰裳		681	
			小功布衰裳		682	
			澡麻带		682	
			澡麻绖		682	
			小功即葛裳		682	
			缌麻衰		682	
			麻衣		682	
			縓冠		683	
			葛绖		683	
			葛带		683	
			免		683	
			锡衰		683	
			恶笄有首		683	
			折首笄		684	
			吉笄		684	

续表 24

年代	作者	著作	图表	出处	页码	附注
清代	吴之英	《寿栎庐仪礼奭固礼器图》	明衣裳	《续修四库全书》第93册士丧礼十二	686	
			髺笄		687	
			褖衣		688	
			浴衣		689	
			纞		689	
			要绖		691	
			妇人带		691	
			夷衾		691	
			尸服	《续修四库全书》第93册士虞十四	712	
			缁韠	《续修四库全书》第93册特牲十五	715	
			锡衣	《续修四库全书》第93册少牢十六	717	
	张锡恭	《丧服郑氏学》	衰前图	《续修四库全书》第96册附录	551	
			衰后图		551	
			裳前图		552	
			裳后图		552	
			中衣前图		553	
			中衣后图		553	
	曹元弼	《礼经学》	天子冕	《续修四库全书》第94册卷三	685	
			天子弁		685	
			冠		686	
			元冠		686	

续表 25

年代	作者	著作	图表	出处	页码	附注
清代	曹元弼	《礼经学》	缁布冠	《续修四库全书》第 94 册卷三	686	
			得牢固		687	
			裁衽		687	
			端衣		688	
			侈袂		688	
			裳		688	
			裁衣身		689	
			裁袂		689	
			前右外襟		689	
			裁裳前襟后裾		689	
			裁裳衽		689	
			裁钩边		689	
			深衣前		689	
			深衣后		690	
			（深衣）附图		690	
			天子带		691	
			大夫带		691	
			士带		691	
			天子直		692	
			诸侯前后方		692	
			大夫前后方		692	
			舄		692	
			履		692	
	林颐山	《经述》	旧图	《清经解续编》第十三册卷二百九	7190	深衣
			江氏图		7190	
			旧图		7191	
			江氏图		7191	

礼器卷

玉

方 明

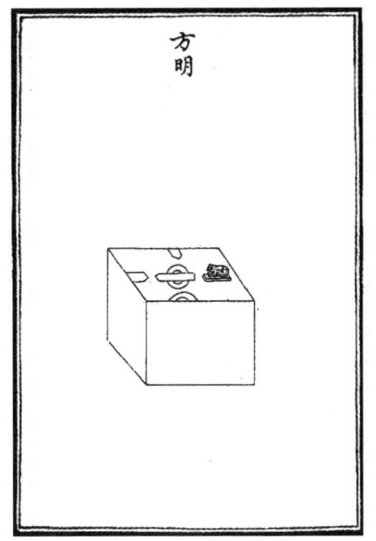

聂崇义《方明》图

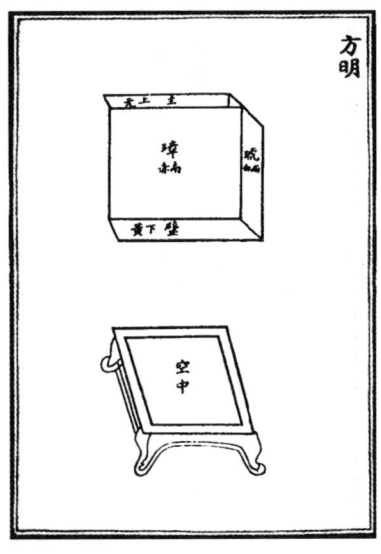

黄以周《方明》图

繅

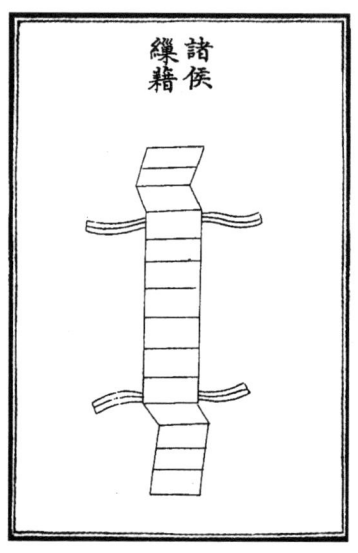
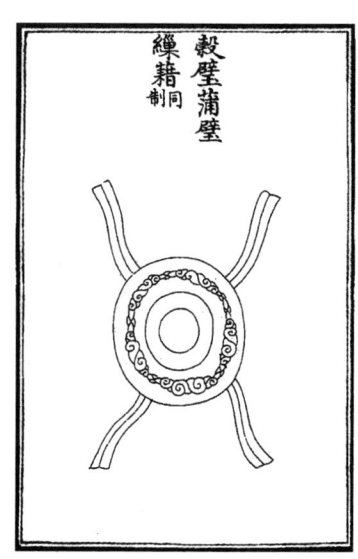

聂崇义《繅图一》　　　聂崇义《繅图二》

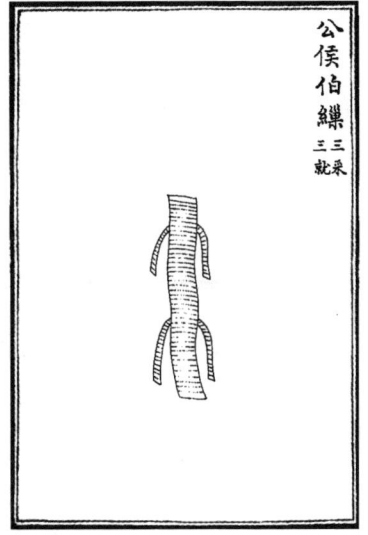

陈祥道《缫图一》

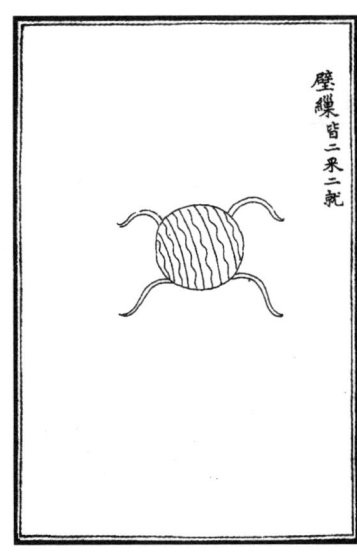

陈祥道《缫图二》

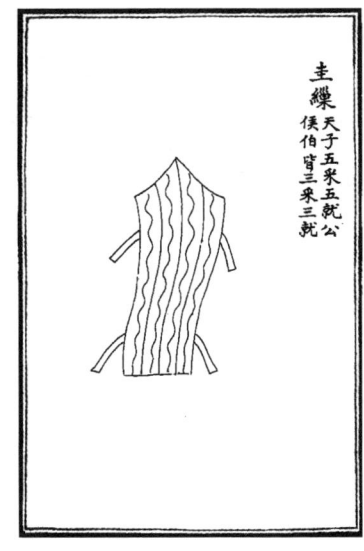

刘绩《缫图一》

刘绩《缫图二》

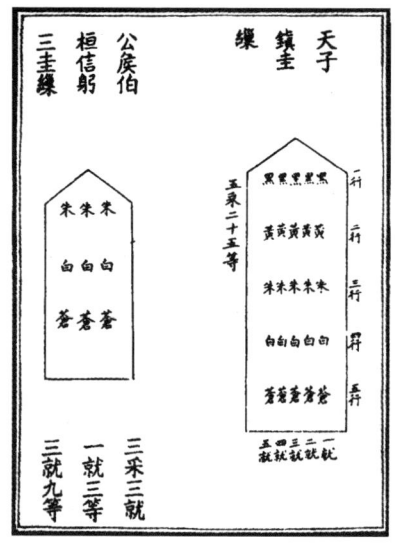

黄以周《繅图一》　　黄以周《繅图二》

竹

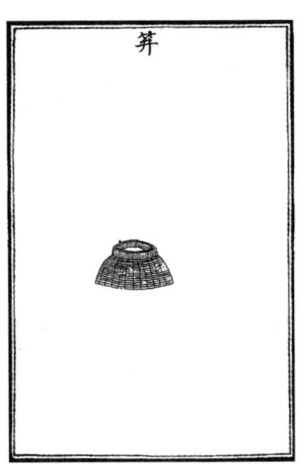

聂崇义《筹》图

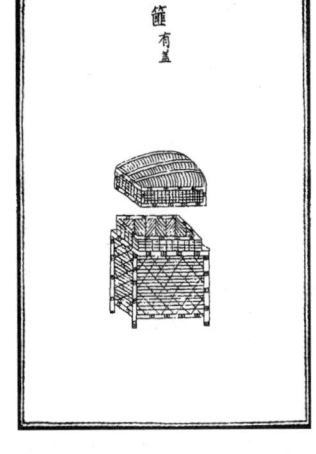

聂崇义《篚》图

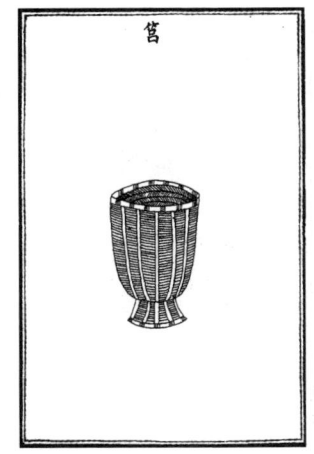

聂崇义《筥》图

聂崇义《竹簋方》图

聂崇义《笾》图

聂崇义《苞》图

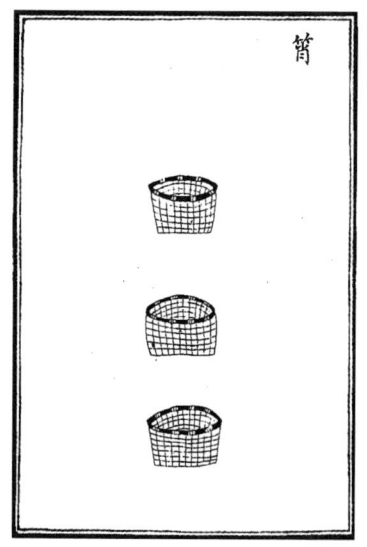

聂崇义《筲》图

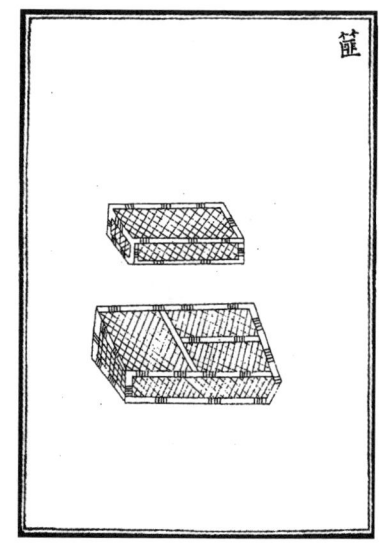

陈祥道《篚》图

陈祥道《笲》图

陈祥道《竹簠方》图

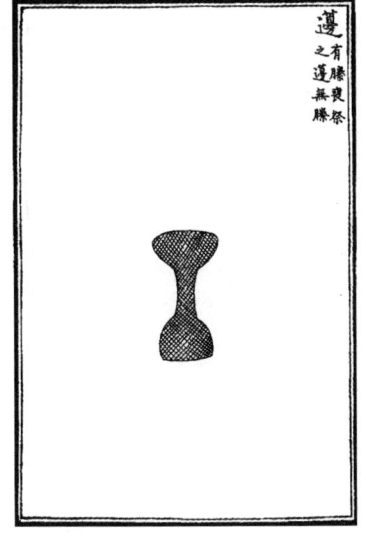

陈祥道《笾》图

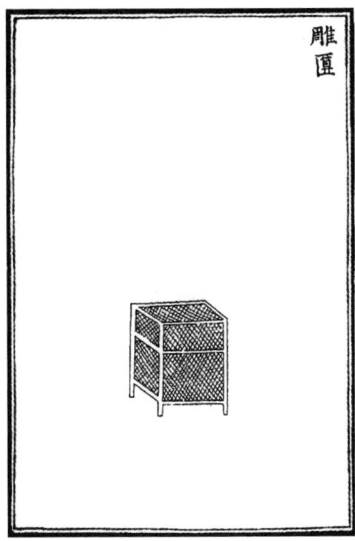

陈祥道《雕匮》图

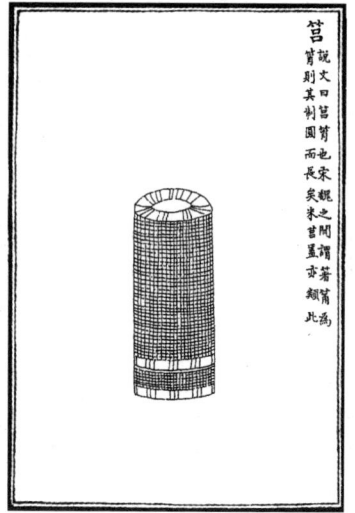
陈祥道《筥》图

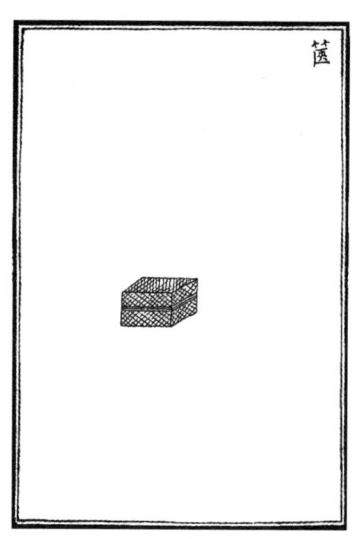
陈祥道《篋》图

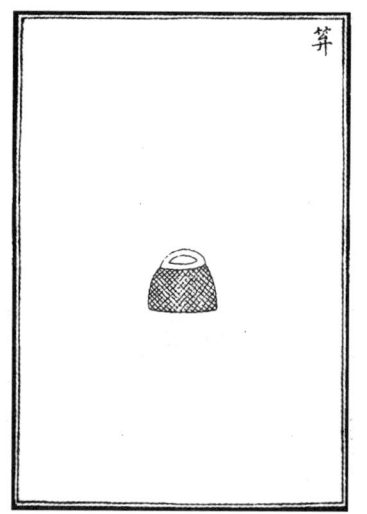
陈祥道《筭》图

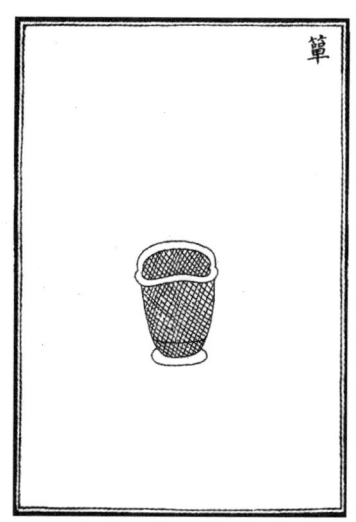
陈祥道《箪》图

礼器卷　213

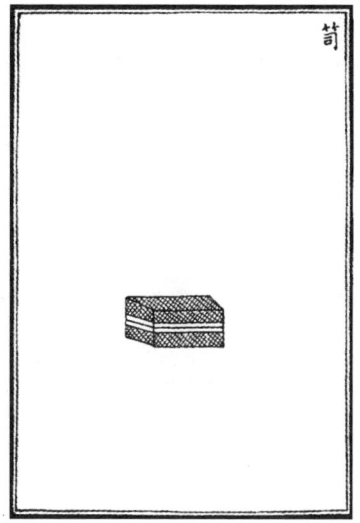

陈祥道《笥》图

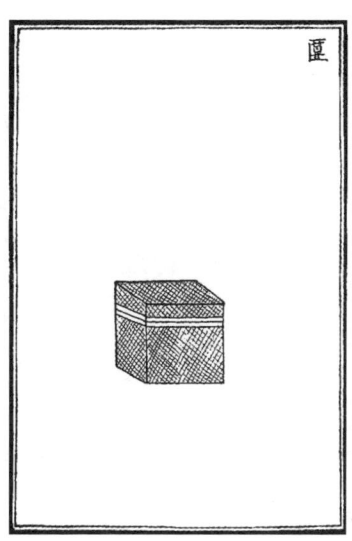

陈祥道《匴》图

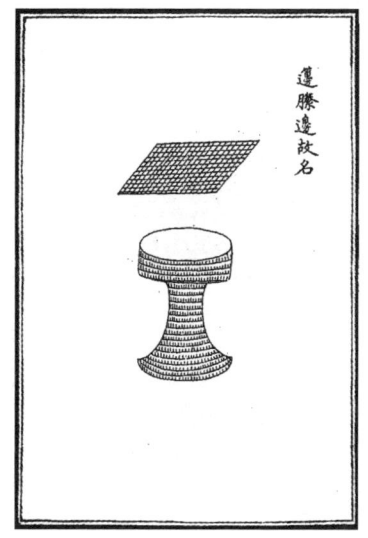

刘绩《筵》图

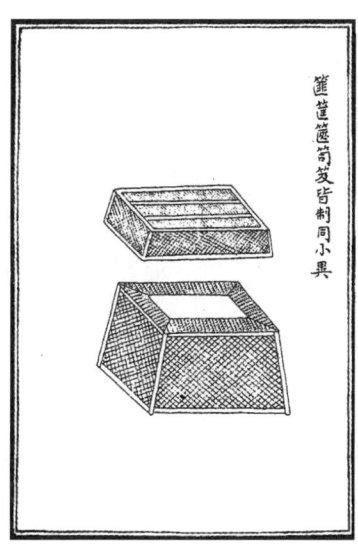

刘绩《竹器图一》

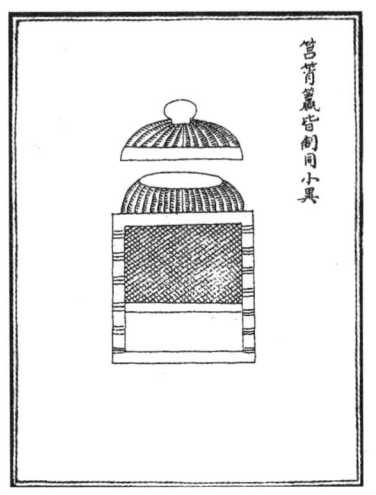

刘绩《竹器图二》

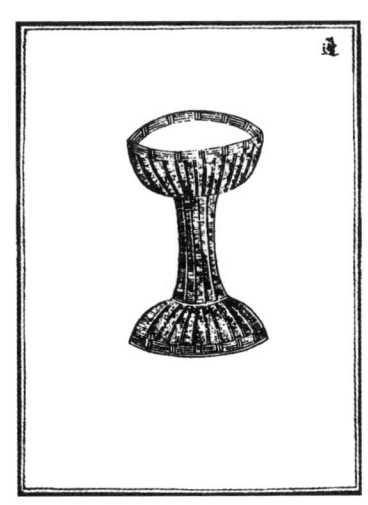

黄以周《笾》图

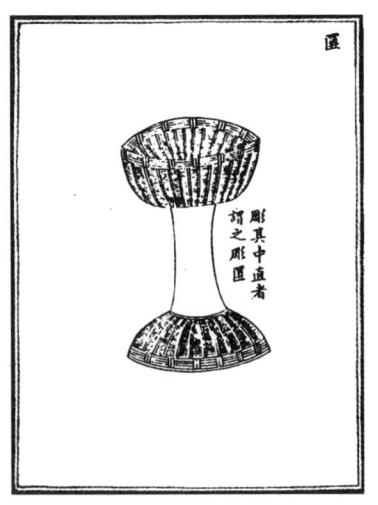

黄以周《匷》图

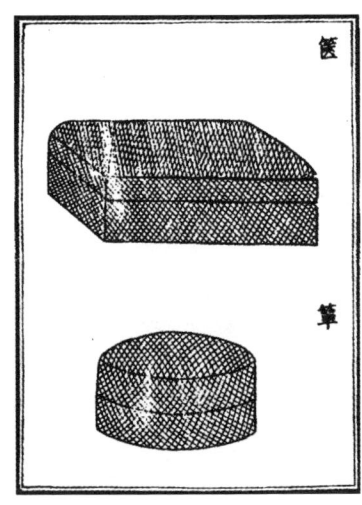

黄以周《箧箪》图

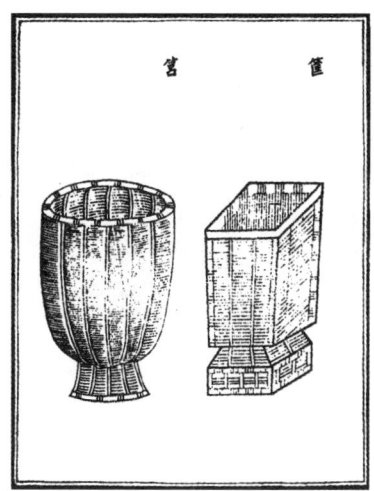

黄以周《筐筥》图

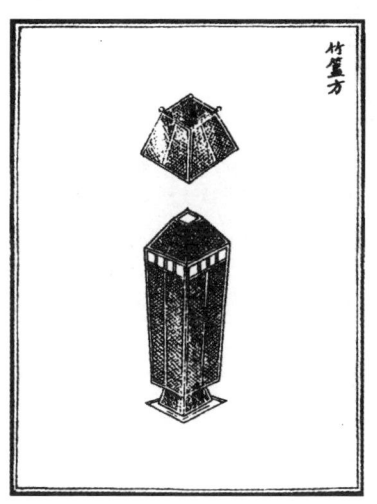

黄以周《竹簋方》图

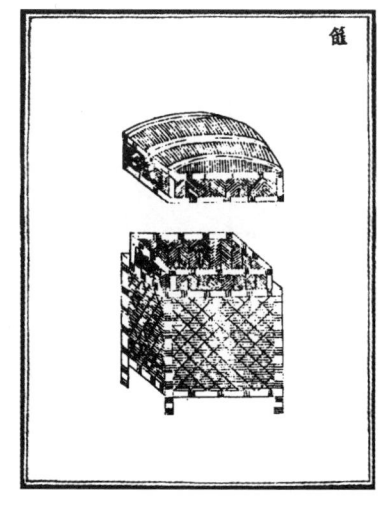

黄以周《筐》图

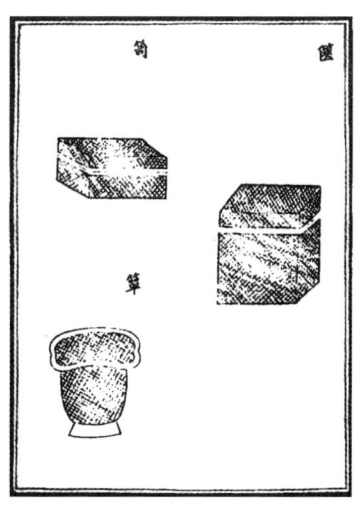

黄以周《篚笥箪》图

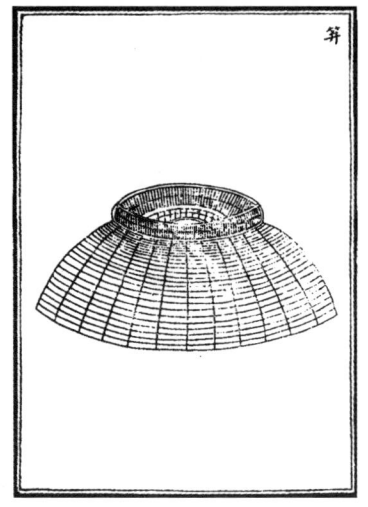

黄以周《筭》图

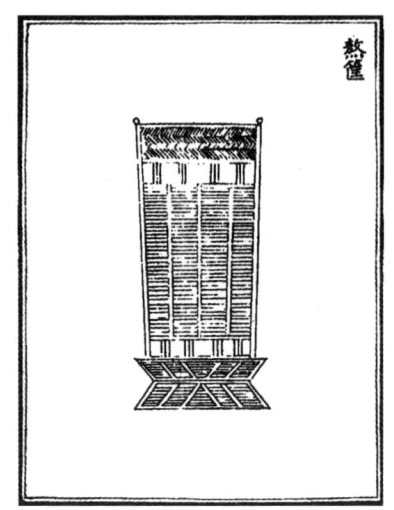

黄以周《熬筐》图

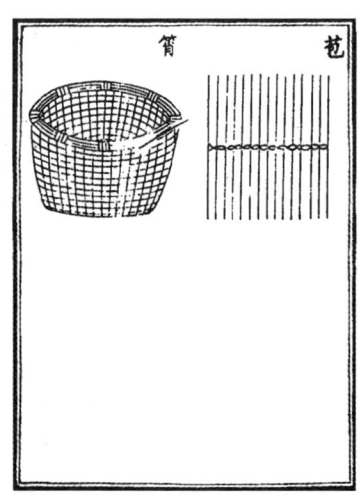

黄以周《苞筲》图

射侯

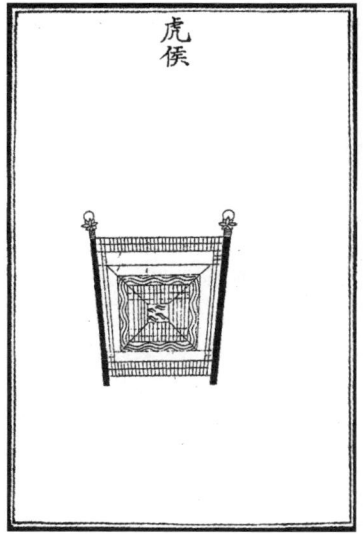

聂崇义《射侯图一》

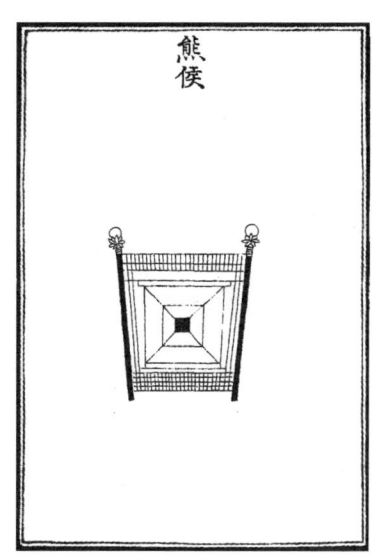

聂崇义《射侯图二》

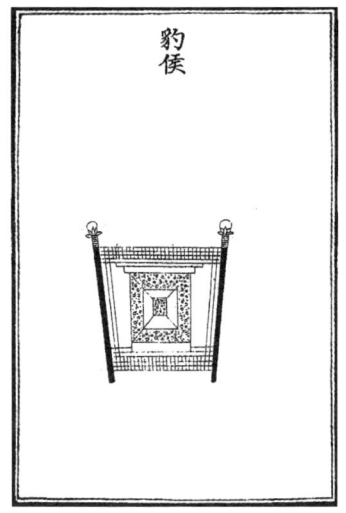

聂崇义《射侯图三》

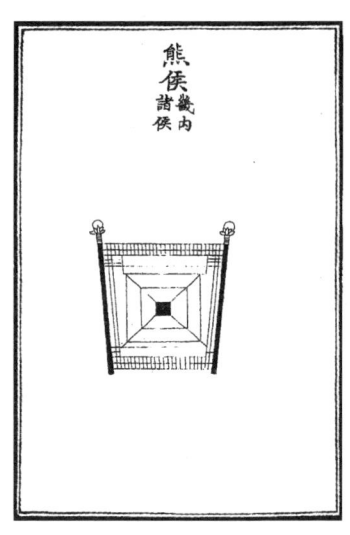

聂崇义《射侯图四》

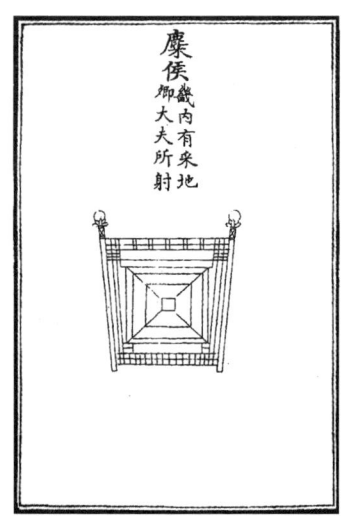

聂崇义《射侯图五》

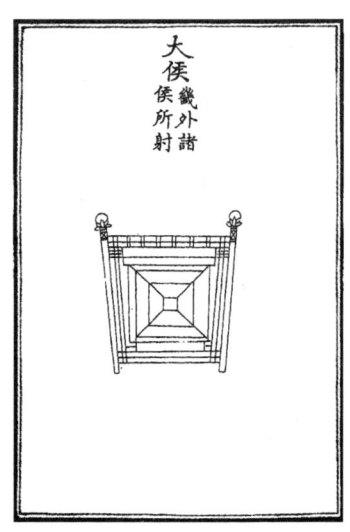

聂崇义《射侯图六》

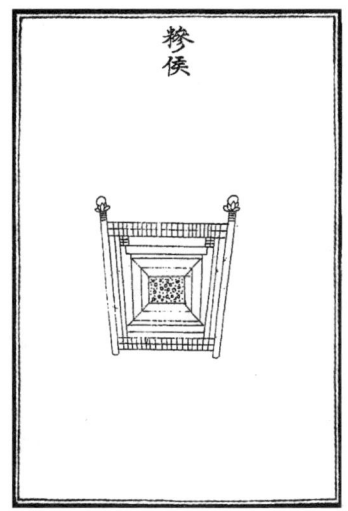

聂崇义《射侯图七》

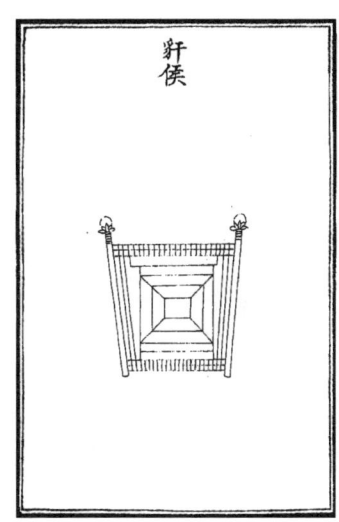

聂崇义《射侯图八》

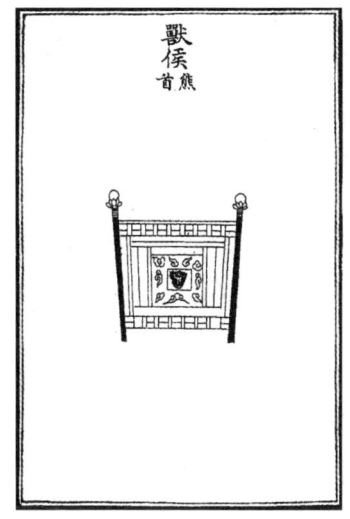

聂崇义《射侯图九》

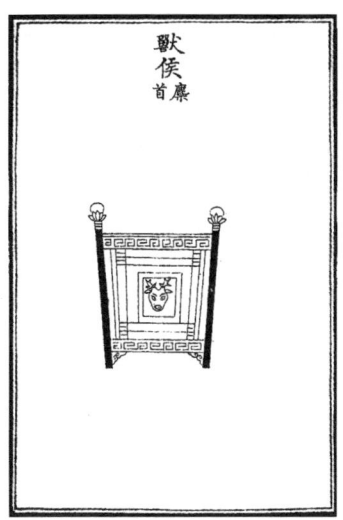

聂崇义《射侯图十》

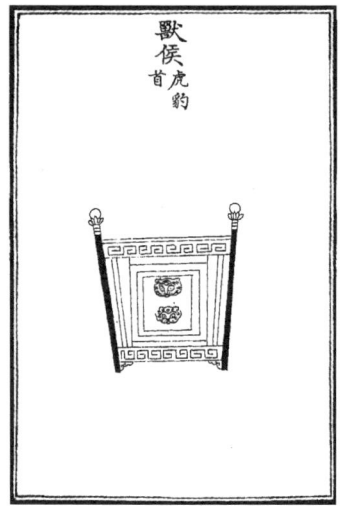

聂崇义《射侯图十一》

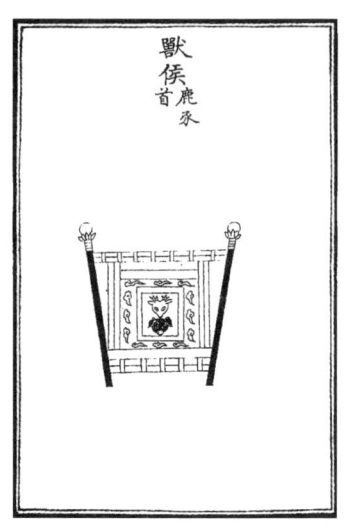

聂崇义《射侯图十二》

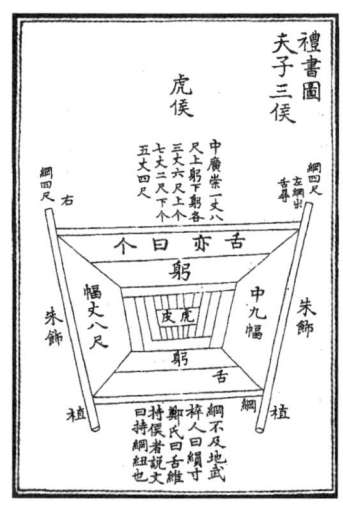

陈祥道《射侯图一》

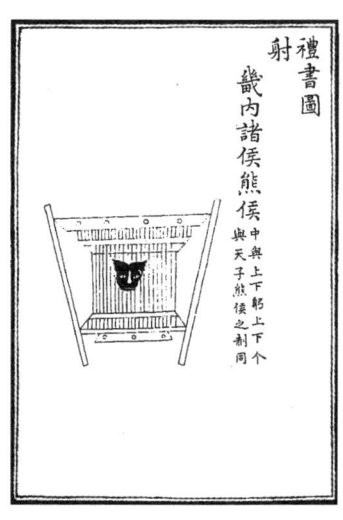

陈祥道《射侯图二》

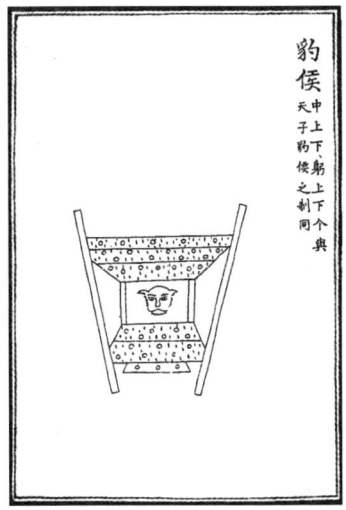

陈祥道《射侯图三》

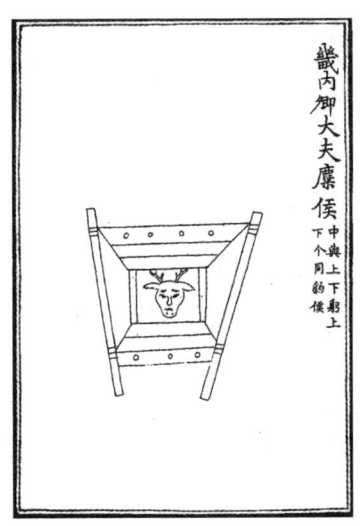

陈祥道《射侯图四》

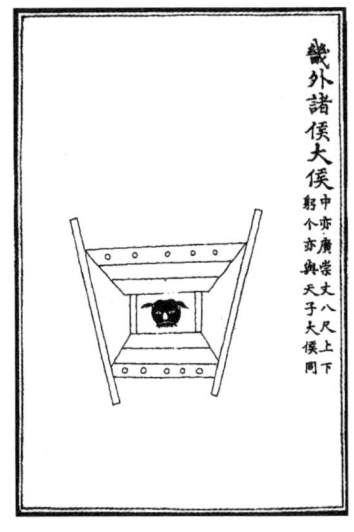

陈祥道《射侯图五》

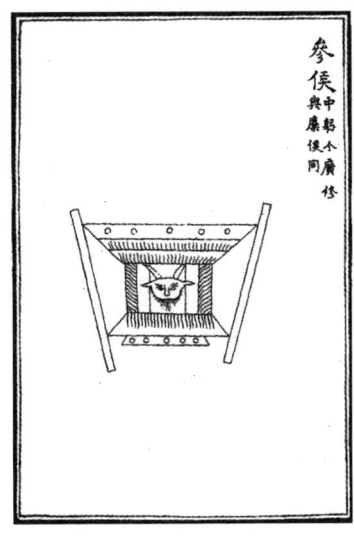

陈祥道《射侯图六》

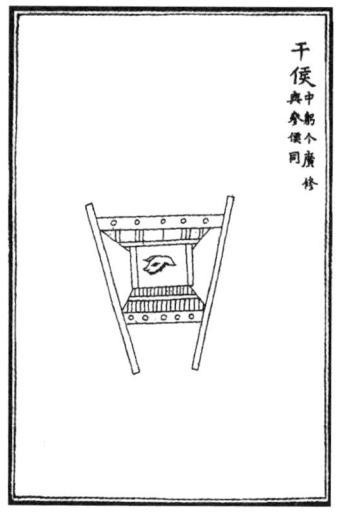

陈祥道《射侯图七》

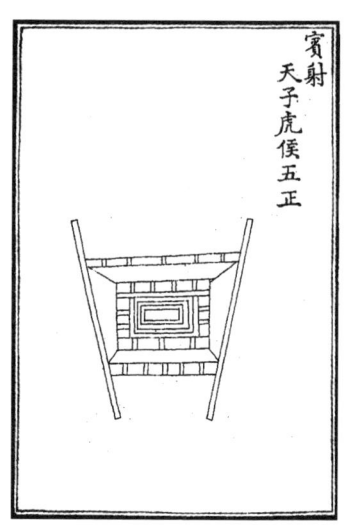

陈祥道《射侯图八》

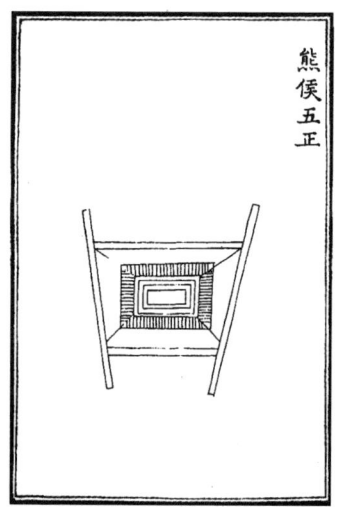

陈祥道《射侯图九》

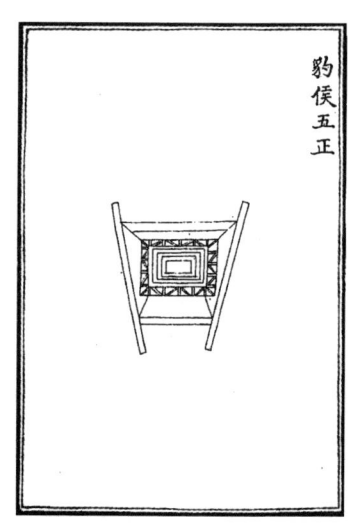

陈祥道《射侯图十》

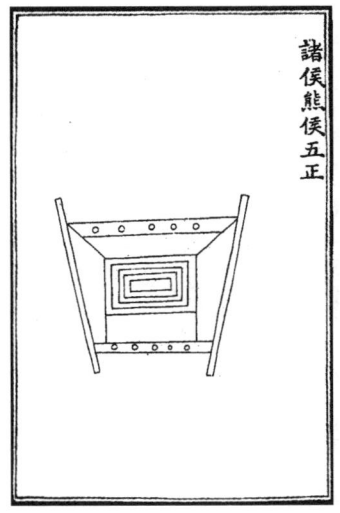

陈祥道《射侯图十一》

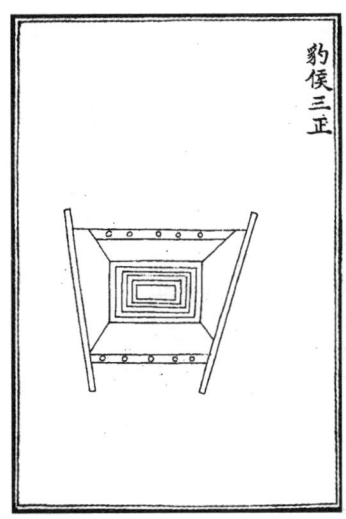

陈祥道《射侯图十二》

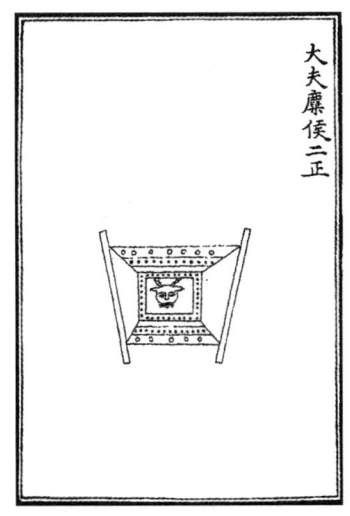

陈祥道《射侯图十三》

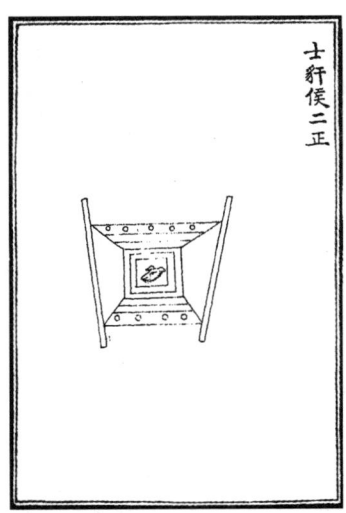

陈祥道《射侯图十四》

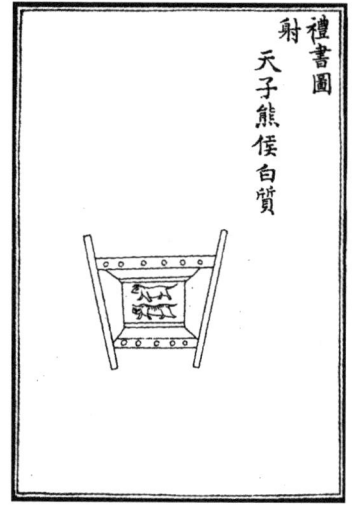

陈祥道《射侯图十五》

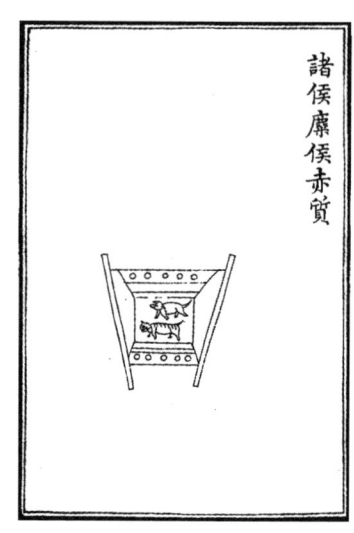

陈祥道《射侯图十六》

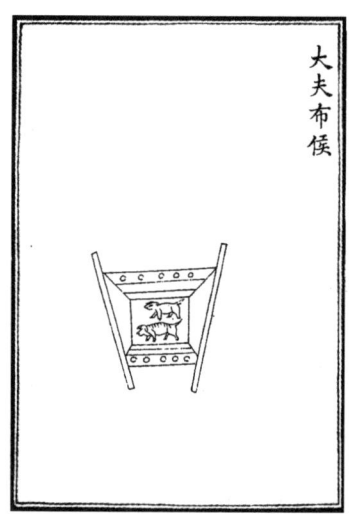

陈祥道《射侯图十七》

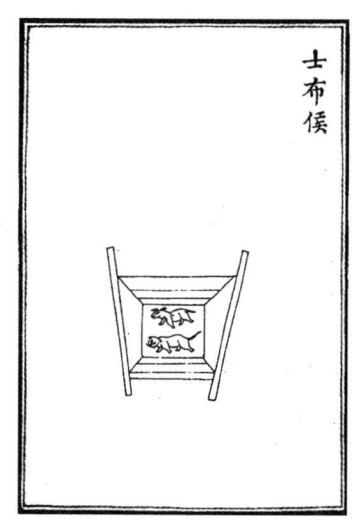

陈祥道《射侯图十八》

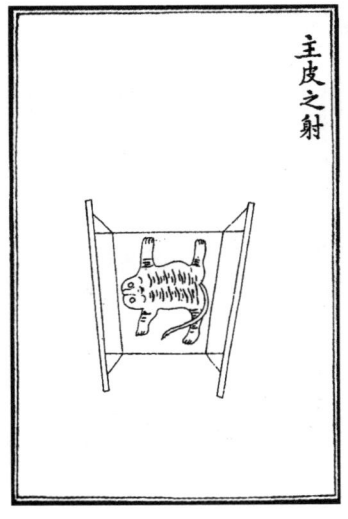

陈祥道《射侯图十九》

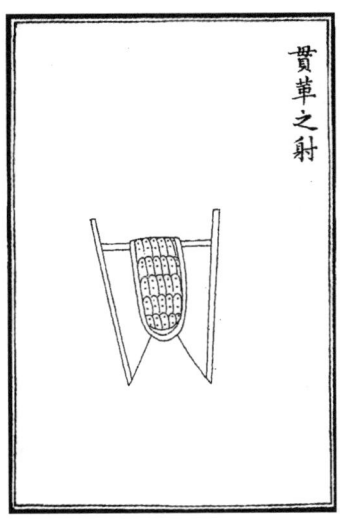

陈祥道《射侯图二十》

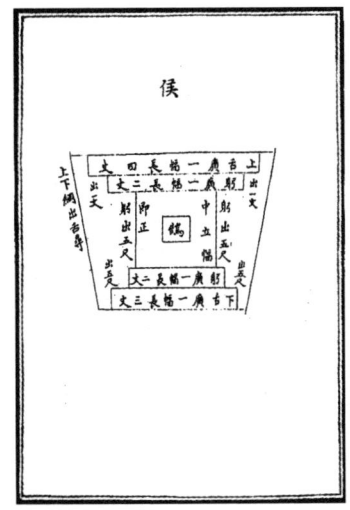

刘绩《射侯图》

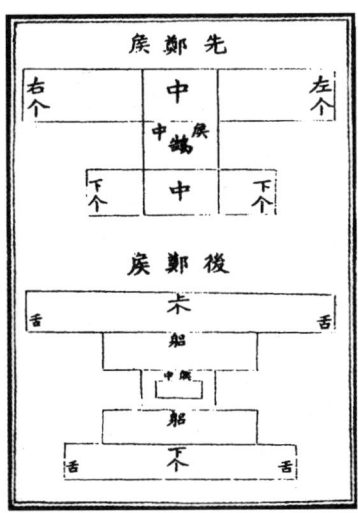

黄以周《射侯图一》

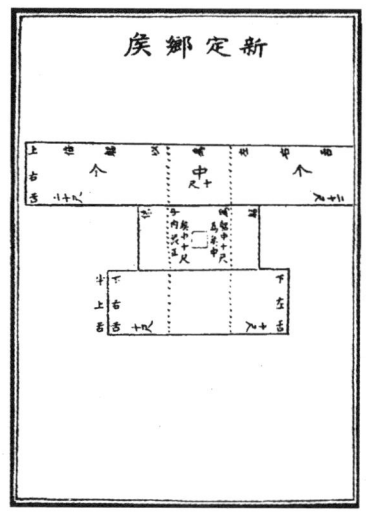

黄以周《射侯图二》

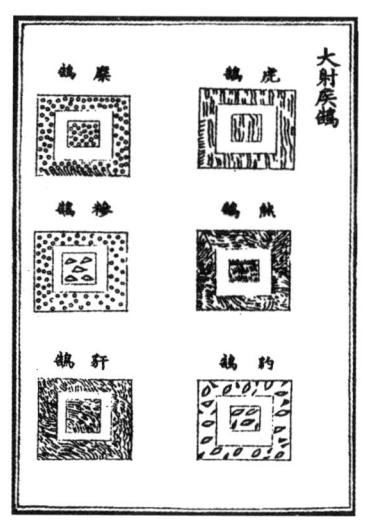

黄以周《射侯图三》

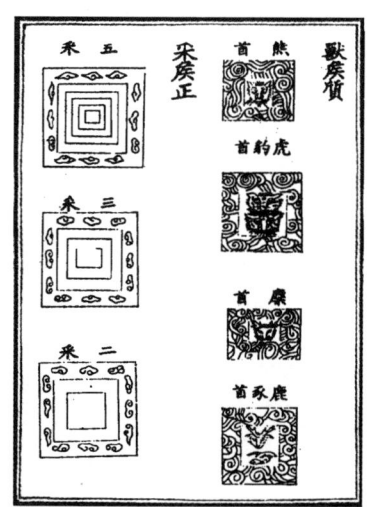

黄以周《射侯图四》

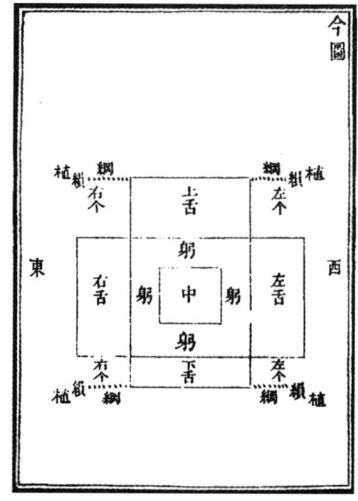

于鬯《射侯图》

中

陈祥道《中图一》　　　陈祥道《中图二》

 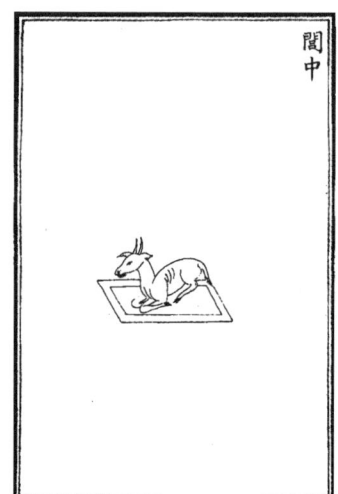

陈祥道《中图三》　　　陈祥道《中图四》

刘绩《中》图

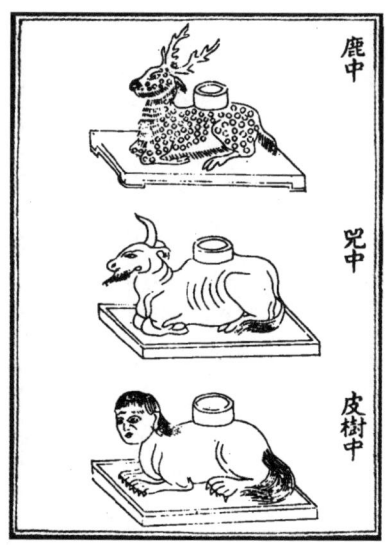 

黄以周《中图一》　　　　黄以周《中图二》

楅

陈祥道《楅》图

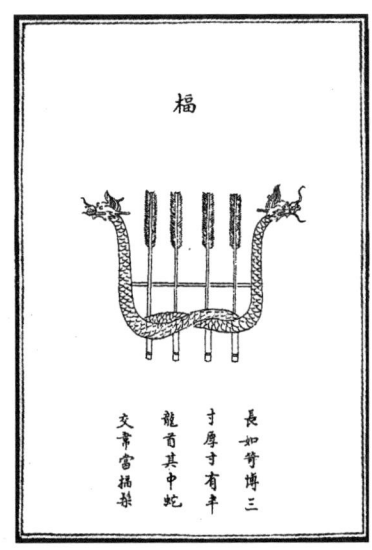

刘绩《楅》图

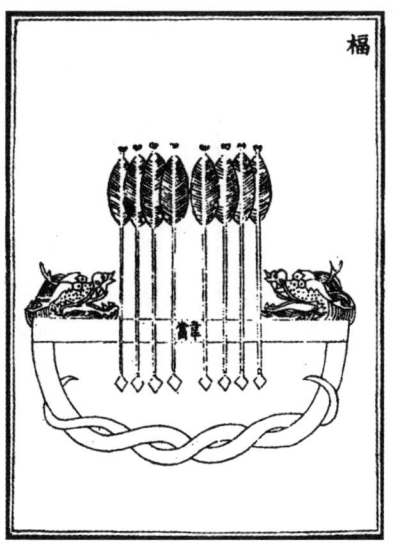

黄以周《楅》图

其 他

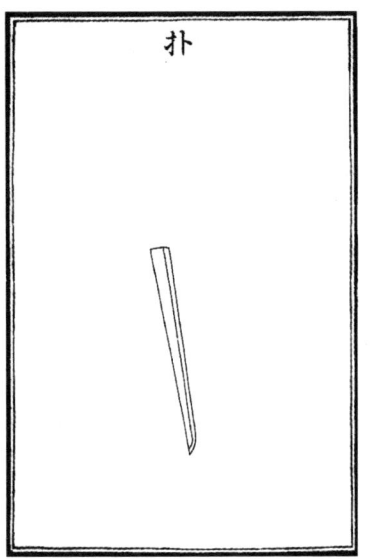

聂崇义《扑》图

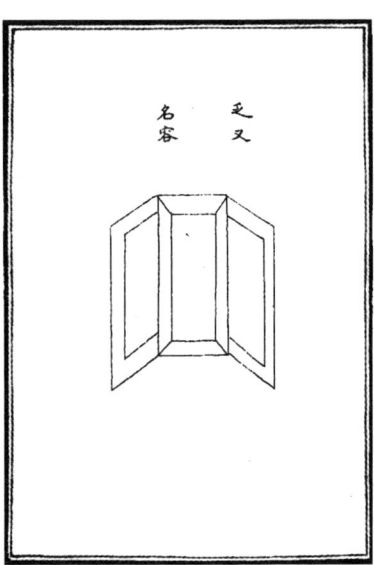

刘绩《乏》图

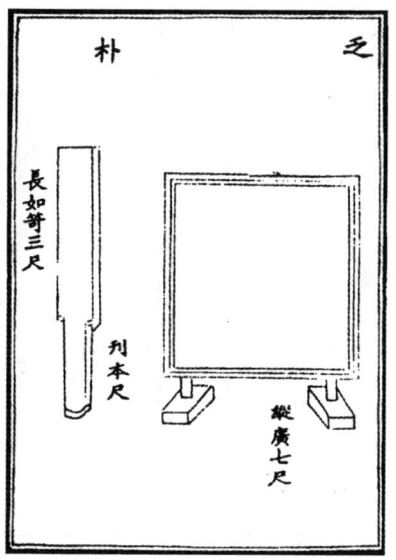

黄以周《乏朴》图

旗

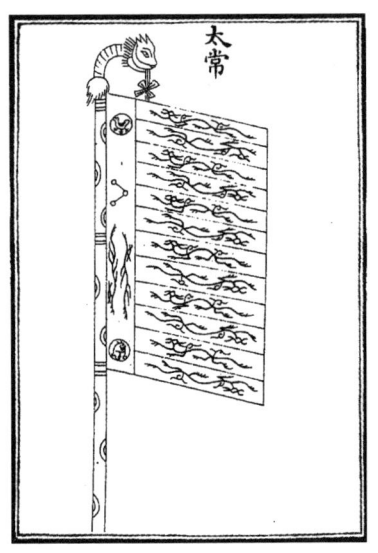

聂崇义《太常》图

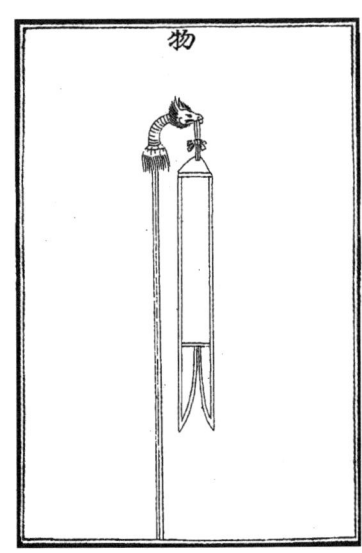

聂崇义《物》图

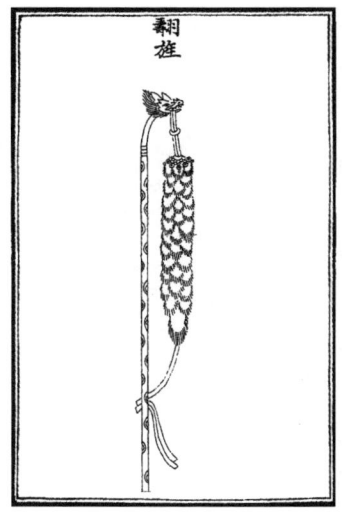

聂崇义《翿旌》图

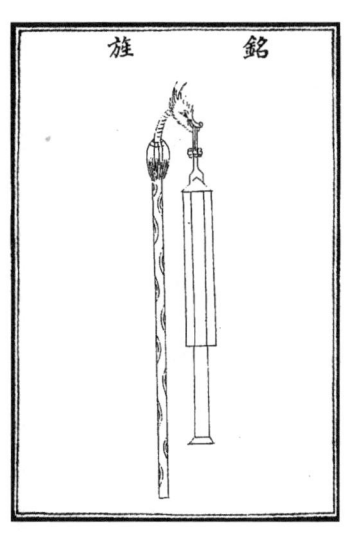

聂崇义《铭旌》图

聂崇义《功布》图

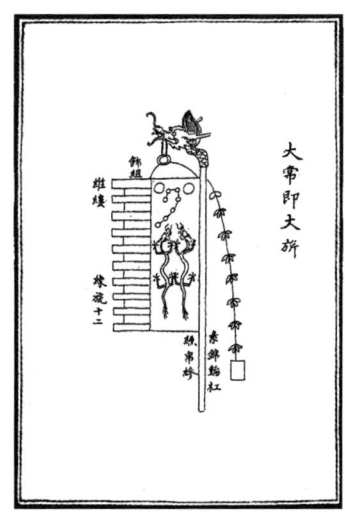

刘绩《大常》图

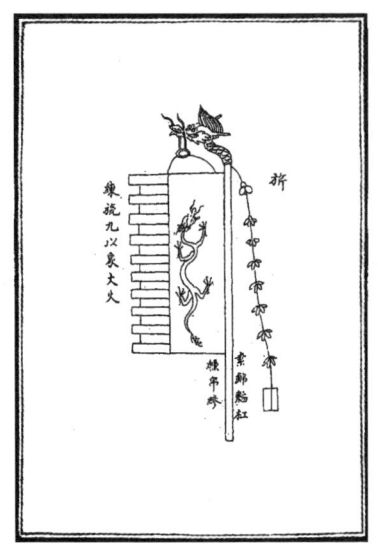

刘绩《旂》图

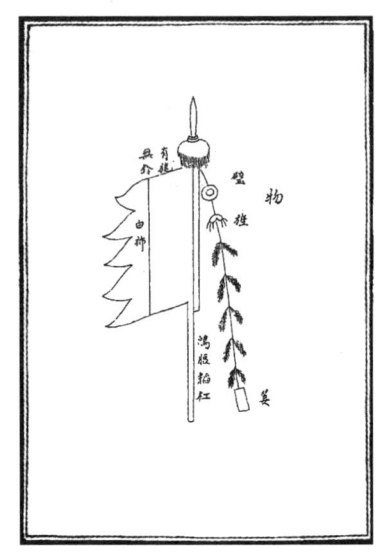

刘绩《物》图

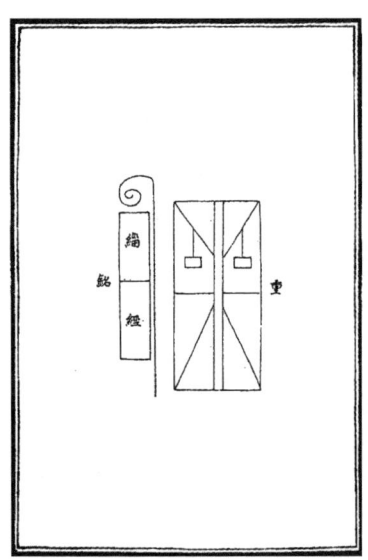

刘绩《重铭》图

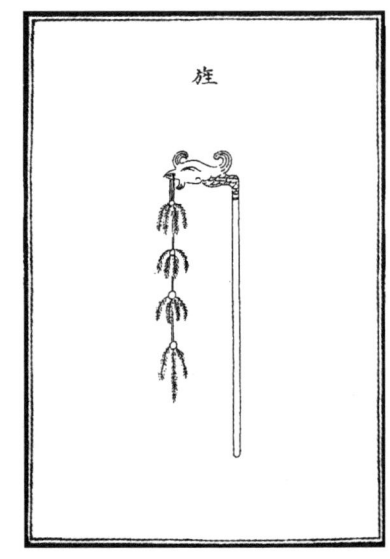

刘绩《旌》图

黄以周《大常》图

黄以周《旂》图

黄以周《物》图

黄以周《旌》图

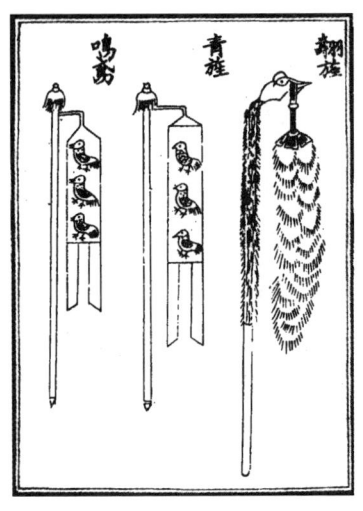 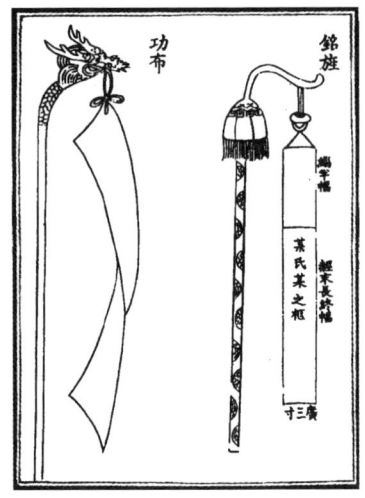

黄以周《翿旌青旌鸣鸢》图　　　黄以周《铭旌功布》图

吴之英《大旆》图

酒

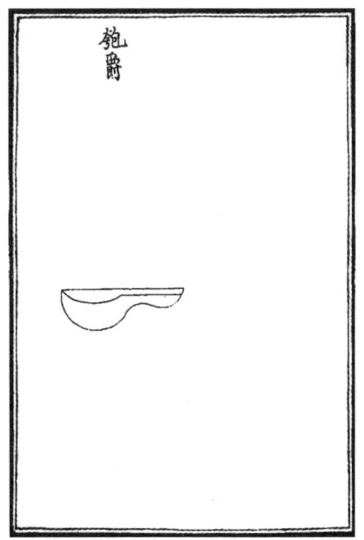

聂崇义《匏爵》图

聂崇义《丰》图

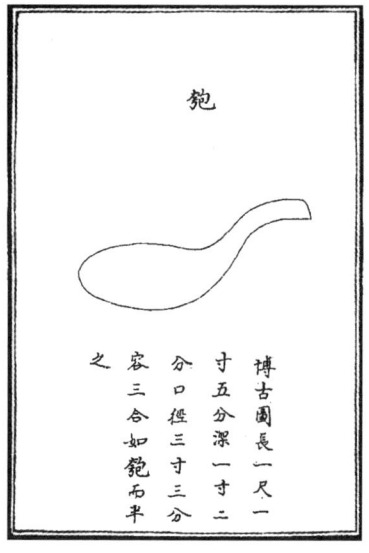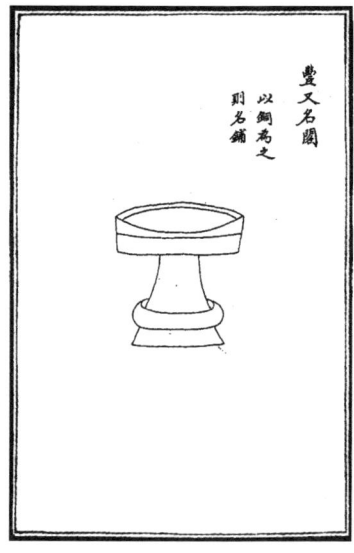

刘绩《鲍》图　　　刘绩《丰》图

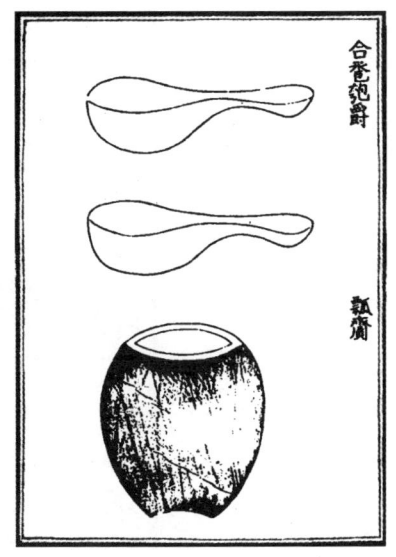

黄以周《丰》图　　　　　　黄以周《合卺匏爵瓢赍》图

吴之英《合巹》图

乐

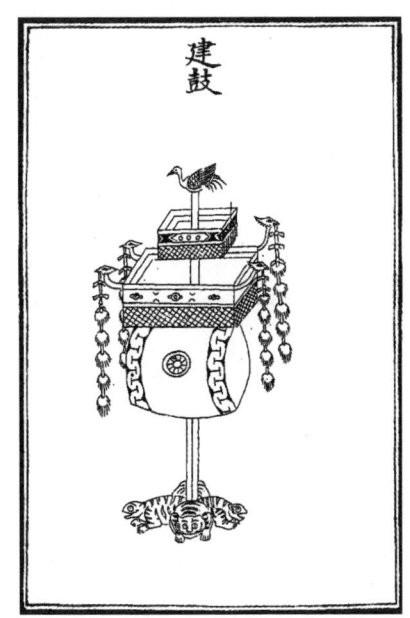

聂崇义《建鼓》图

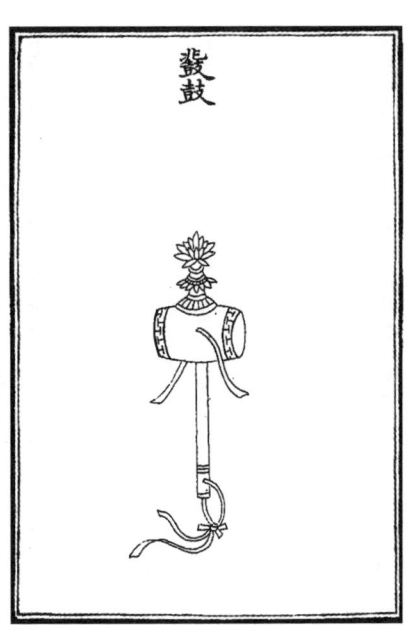

聂崇义《鼗鼓》图

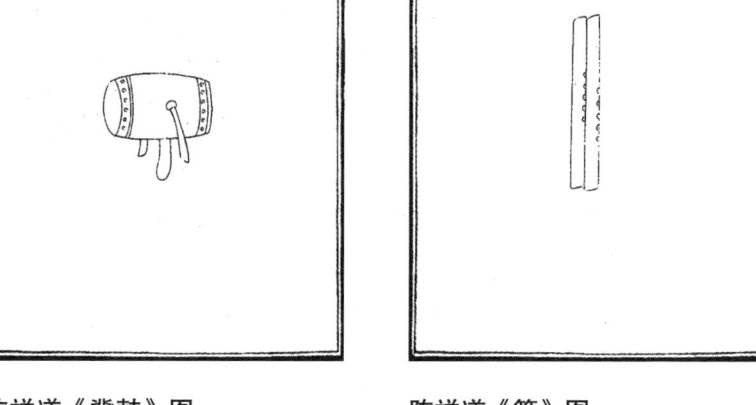

陈祥道《鼗鼓》图　　　　　陈祥道《管》图

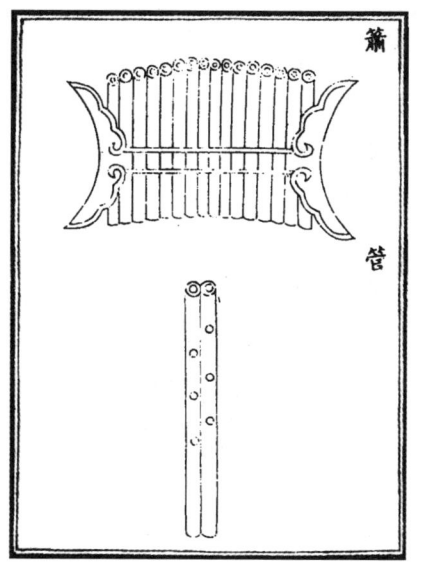

黄以周《箫管》图

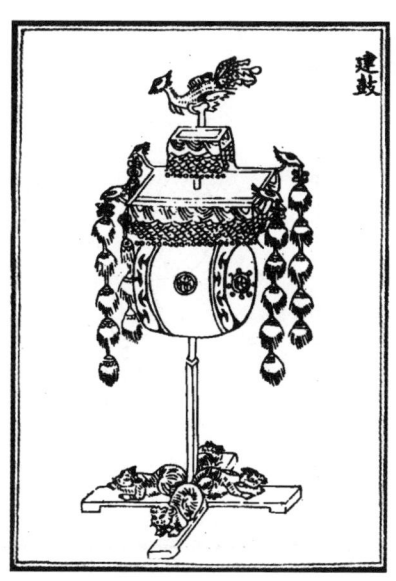

黄以周《建鼓》图

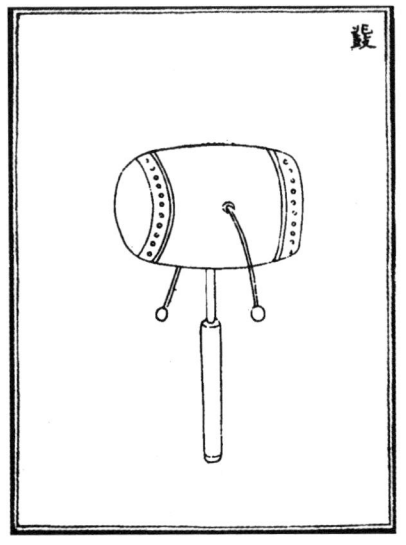 

黄以周《籈》图　　　　　吴之英《和》图

车

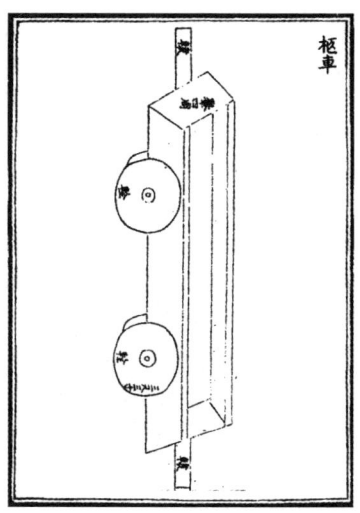

黄以周《柩车》图

黄以周《柩饰》图

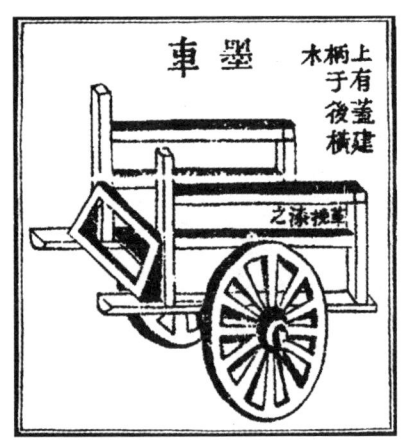 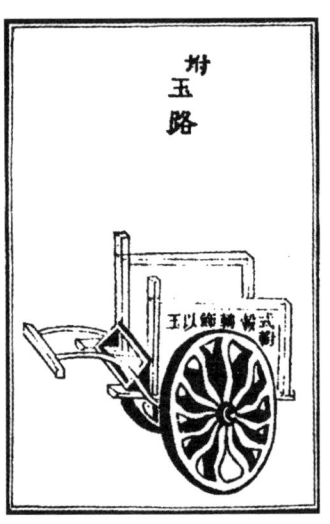

吴之英《墨车》图　　　　吴之英《玉路》图

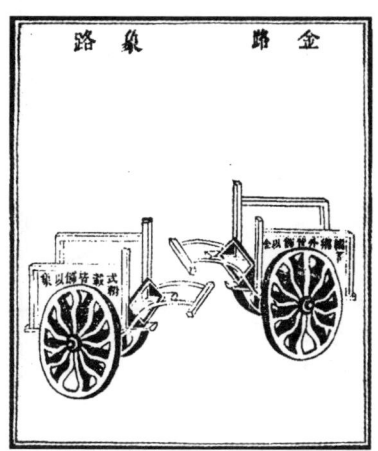
吴之英《金路象路》图

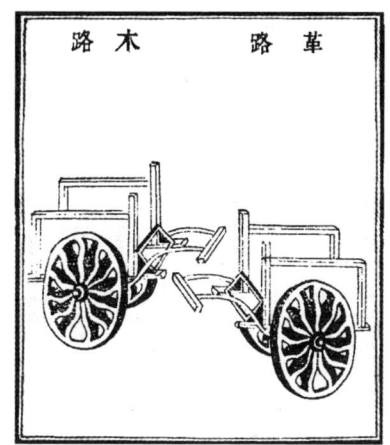
吴之英《革路木路》图

其 他

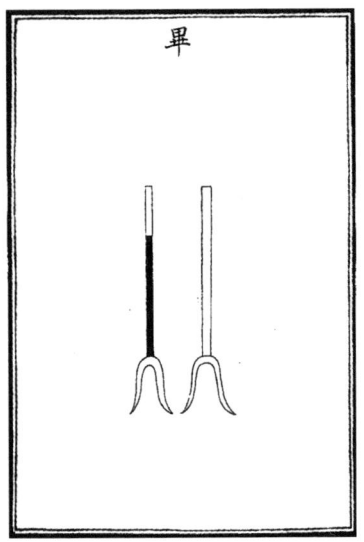

聂崇义《毕》图

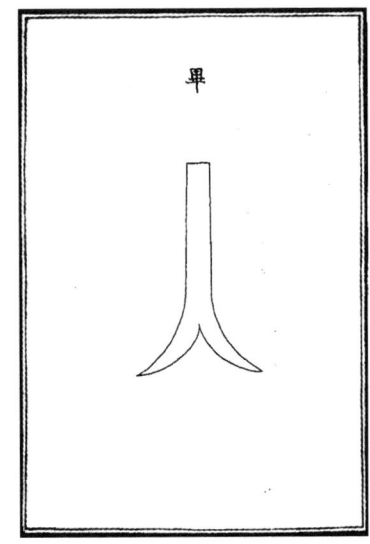

刘绩《毕》图

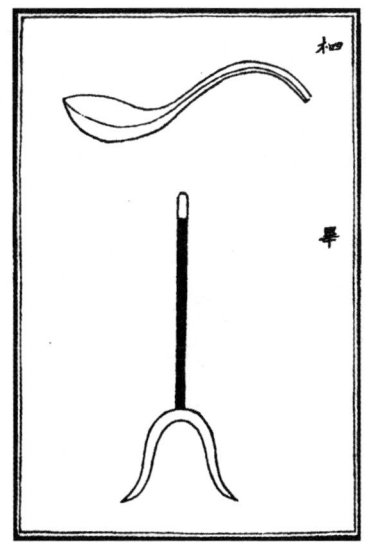

黄以周《柶毕》图

陈祥道《蓍韇》图

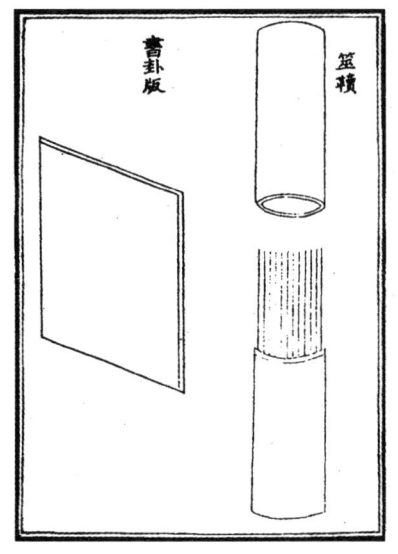 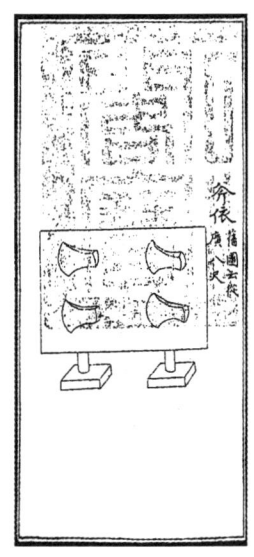

黄以周《筮籥书卦版》图　　刘绩《斧依》图

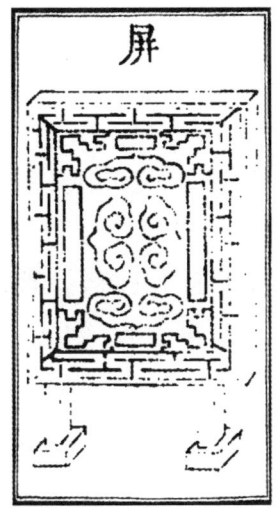

吴之英《屏》图

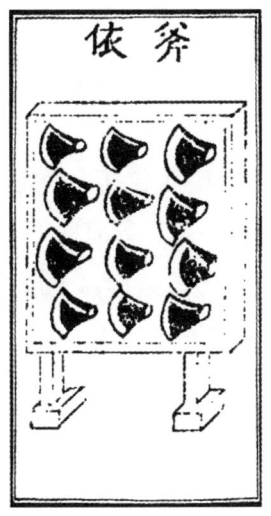

吴之英《斧依》图

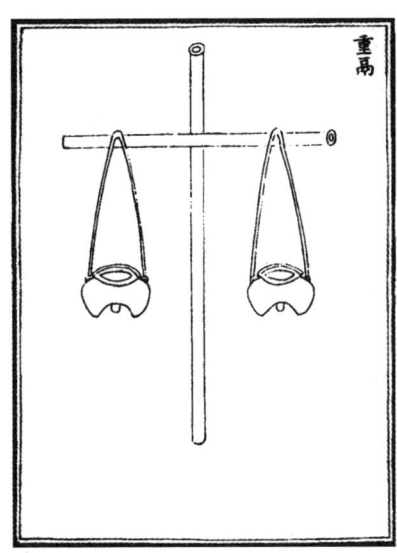

黄以周《重鬲》图

附表一

瑞玉 《仪礼·觐礼》注曰："瑞玉，谓公桓圭、侯信圭、伯躬圭、子谷璧、男蒲璧。"

圭 长条形，上圆或剑头形，下方。《庄子·马蹄》李注曰："锐上方下曰珪。"《仪礼·聘礼》曰："圭与缫皆九寸，剡上寸半，厚半寸，博三寸。"注曰："圭，所执以为瑞节也。剡上，象天圜地方也。"

璋 扁平长方体状，一端斜刃，另一端有穿孔。《说文》曰："剡上为圭，半圭为璋。"

璧 《说文》曰："璧，瑞玉环也。"《尔雅》云："肉倍好谓之璧，好倍肉谓之瑗，肉好若一谓之环。"按，所谓肉是指边，好是指孔。

璜 《说文》曰："璜，半璧也。"《释文》曰："半璧曰璜。佩上有衡，下有二璜，作牙形于其中，以前冲之，使关而相击也。璜为佩下之饰，有穿孔冒系之处。"《周礼·春官·大宗伯》注曰："半璧曰璜，象冬闭藏，地上无物，唯天半见也。"

琮 方柱形或长筒形，中有圆孔。《说文》曰："瑞玉大八寸，似车釭。"《周礼·春官·大宗伯》注曰："琮之言宗，八方所宗，故外八方，象地之形。中虚圆，以应无穷，象地之德，故以祭地。"

琥 瑞玉，古代的一种形似老虎的礼器。

方明 镶玉涂色象征四方神的木头。《仪礼·觐礼》曰："方明者，木也，方四尺。设六色：东方青，南方赤，西方白，北方黑，上玄，下黄。设六玉：上圭，下璧，南方璋，西方琥，北方璜，东方圭。六色象其神，六玉以礼之。上宜以苍璧，下宜以黄琮，而不以者,则上下之神,非天地之至贵者也。设玉者,刻其木而著之。"

缫　垫玉彩木板。《仪礼·聘礼》注曰:"杂采曰缫,以韦衣木板,饰以三色。"

束帛　捆为一束的五匹帛。《周礼·春官·大宗伯》注曰:"皮帛者,束帛而表以皮为之。"　疏曰:"束者十端,每端丈八尺,皆两端合卷,总为五匹,故云束帛也。"

束锦　五匹锦。《仪礼·士昏礼》注曰:"古人锦皆作帛。"《左传·襄公十九年》杜预注:"五匹为束。"

玉锦　《仪礼·聘礼》注曰:"玉锦,锦之文纤缛者也。《礼》有以少文为贵者。"　疏曰:"是玉有密致,锦之纤缛似玉之密致者。"

束纺　一束细绢。《仪礼·聘礼》注曰:"纺,纺丝为之,今之缚也。"

瑟　中国传统拨弦乐器。形状似琴,每弦瑟有一柱。按五声音阶定弦。《说文》曰:"瑟,庖牺所作弦乐也。从珡,必声。"

管　中国古代的一种管乐器,起初用玉制成,改用竹,有六孔,长一尺。《说文》曰:"管,如篪,六孔,十二月之音,物开地牙,故谓之管。"《礼乐器记》曰:"管,漆竹,长一尺,六孔。"

簜　笙箫类管乐,当为竹制,胡培翚认为,此即管。郑玄《仪礼注》曰:"簜,竹也,谓笙箫之属。"

笙　中国古老的簧管乐器,由笙簧、笙笛、笙斗三个部分组成。《说文》曰:"笙,十三簧象凤之身也。笙,正月之音,物生故谓之笙。"

和　小笙。《尔雅·释乐》曰:"大笙谓之巢,小者谓之和。"

磬　中国历史上最古老的石制打击乐器和礼器,一般取片状石材，制成曲尺形，上钻磨一孔，悬挂敲击。《说文》曰："磬，乐石也。"笙磬，即磬，盖因悬于东方而谓之。郑玄《仪礼注》曰："笙犹生也。东为阳中，万物以生。《春秋传》曰：'大蔟所以金奏，赞阳出滞，沽洗所以修絜百物，考神纳宾。'是以东方钟磬谓之笙，皆编而县之。《周礼》曰：'凡县钟磬，半为堵，全为肆。'有钟有磬为全。镈如钟而大，奏乐以鼓镈为节。"则可知此磬为编磬。颂磬，即位于西方之磬。郑玄《仪礼注》曰："言成功曰颂，西为阴中，万物之所成。《春秋传》曰：夷则所以咏歌，九则平民无贰无射，所以宣布哲人之令德，示民轨义，是以西方钟磬谓之颂。"《周礼·春官·眡瞭》："掌凡乐事，播鼗，击颂磬、笙磬。"郑玄《仪礼注》曰："磬，在东方曰笙。笙，生也。在西方曰颂，颂或作庸。庸，功也。" 贾公彦《仪礼疏》曰："以东方是生长之方，故云笙。西方是成功之方，故云庸；庸，功也。谓之颂者，颂者，美盛德之形容，以其成功告于神明，故云颂。"

鼓 我国传统打击乐器。《说文》曰："鼓，郭也。春分之音，万物郭皮甲而出，故谓之鼓。"

建鼓 中国古代一种较大的鼓，鼓身有方孔，用木柱贯穿其中而立之，柱顶饰有鸾鸟及华盖，柱下有四足，饰以兽形。

应鼙 一种较小的鼓。之所以叫应鼙原因有二：一是因为位于东面，先击东面朔鼙，再击东面此鼙以应和之；二是因为此为小鼓，先击小鼓后击大鼓，则此鼙为大鼓之先引，则亦为"应"也。

朔鼙 击奏膜鸣乐器，也作朔鞞，一种与大鼓配制的小鼓。一般悬挂在建鼓西侧，于乐曲开始时敲奏。在礼乐中，通常先击"朔鼙"，再击"应鼙"。郑玄《仪礼注》曰："朔，始也。奏乐先击西鼙。""应鼙，应朔鼙也。先击朔鼙，（应鼙）应之。鼙，小鼓也。在东便其先击小，后击大也。"

鼗 即今之柄拨浪鼓。郑玄《仪礼注》曰："鼗如鼓而小，有柄。宾至，摇之以奏乐也。纮，编磬绳也，设鼗于磬西，倚于纮也。"则纮即鼗旁悬耳绳。

钟 古代打击乐器。《说文》曰："钟，乐钟也。"杨树达曰："钟者，可捶之物。"笙钟，即钟，亦因悬于东方而谓之，亦为编钟。详见笙磬。

镈 古乐器，一种单独悬挂的大钟。《说文》曰："大钟，淳于之属，所以应钟磬也。堵以二，金乐则鼓镈应之。"

侯 射箭用的箭靶子，一般有兽皮做的和布做的两种。侯的形制，以布侯为例，其当中部分为中，中用布五幅，每幅长一丈，宽二尺二寸，每幅各以二寸为缝，则正中正好一丈见方；中的上下各接一幅长二丈的布，叫作躬，上曰上躬，下曰下躬；上躬之上、下躬之下，又各接一幅布，叫作舌，又叫作个，上舌四丈，下舌三丈；上下舌端缀有纲，纲系于东西两柱即所谓"植"上，如此方可将侯张起并固定住。

熊侯 古代饰以熊皮的箭靶，侯正中画熊首，底色为白色。《周礼·天官·司裘》："王大射，则共虎侯、熊侯、豹侯，设其鹄。"贾公彦《周礼疏》曰："熊侯者，以熊皮饰其侧，七十步之侯，诸侯射之也。"

麋侯 古代饰以麋皮的箭靶，侯正中画麋鹿首，底色为赤色。《周礼·天官·司裘》："卿大夫则共麋侯。"

大夫布侯 即虎侯、豹侯，为大夫所用之侯，白布为之，上画虎或者豹。

士布侯 即鹿侯、豕侯，为士所用之侯，白布为之，上画鹿或者冢。

大侯 古代的一种国君所用的箭靶。《诗·小雅·宾之初筵》："大侯既抗，弓矢斯张。"毛传曰："大侯，君侯也。"郑玄《笺》曰："天子诸侯之射，皆张三侯。故君侯谓之大侯。"郑玄《仪礼注》曰："大侯，熊侯，谓之大者，与天子熊侯同。"按，据胡培翚说，这是以熊皮为鹄之侯，是为皮侯，不同于乡射礼所用画兽首于鹄处之兽侯。

参侯 一种卿大夫所用的箭靶，以豹皮为鹄、麋皮为饰。郑玄《仪礼注》曰："参读为糁。糁，杂也。杂侯者，豹鹄而麋饰，下天子大夫也。"

干侯 一种士所用的箭靶，以犴皮为鹄、犴皮为饰。犴，《说文》曰："胡地野狗也。"郑玄《仪礼注》曰："干，读为犴，犴侯者，犴鹄犴饰也。"

中 盛算器，用木刻制，形似伏兽，背上开有孔以插放算筹。《礼记·投壶》孔颖达疏曰："中，谓受算之器。中之形，刻木为之，犹如兕鹿而伏，背上立环圈，以盛算也。"鹿中，为制成鹿形之中；皮树中，为制成皮树兽形之中；闾中，为制成闾兽形之中；虎中，为制成虎状之中；兕中，为制成兕形之中。

乏 射礼唱靶者用以避箭的器具。聂崇义认为其长宽皆为七尺，牛皮制成，其形略似屏风。郑玄《仪礼注》曰："容谓之乏，所以为获者御矢也。"

扑 即刑杖。《说文》曰："扑，挨也。"郑玄《仪礼注》曰："扑，所以挞犯教者。《书》云：'扑作教刑。'"楚扑为荆做的扑，长如笴，刊本尺，即有三尺长，将手持的一端刮削一尺使见白。

福 盛矢之木架。《仪礼·乡射礼》曰："福，长如笴，博三寸，厚寸有半，龙首，其中蛇交，韦当，楅髹。"按，楅之形制解释不一。博为广。髹为赤黑漆，谓楅当以赤黑色漆漆之。龙首，其中蛇交，郑玄《仪礼注》曰："两端为龙首，中央为蛇身相交。"韦当，郑玄《仪礼注》曰："直心被之衣曰当，以丹韦为之。"即形似背心，以朱红色的皮子制成。据此，楅之形制为：两端作龙首，中间为蛇身相交状，以丹韦为当设于上以承矢，且被漆为赤黑色。

鼎 《说文》曰："三足两耳，和五味之宝器也。"羞鼎，《仪礼·聘礼》注曰："羞鼎则陪鼎也，以其实言之则曰羞，以其陈言之则曰陪。"扃鼏，即覆鼎之物。《仪礼·士冠礼》："离肺实于鼎，设扃鼏。" 贾公彦《仪礼疏》曰："设扃鼏者，以茅覆鼎，长则束其本，短则编其中。"

铏 古代盛羹的鼎，两耳三足，有盖，常用于祭祀。《仪礼·公食大夫礼》注曰："铏，菜和羹之器。"

镬 《周礼·大宗伯》注曰："烹饪器也。"古时指无足的鼎，《淮南子·说山》注："无足曰镬。"

禁 郑玄《仪礼注》曰："禁，承尊之器。"可知为承酒尊的器座，可分为长方形与方形，有足与无足皆有。其中，有足的称为禁，无足的称为斯禁。

棜 孔颖达曰："棜长四尺，广二尺四寸，深五寸，无足，赤中，画青云气菱苕华为饰。"《仪礼·特牲馈食》疏云："器本无名，人与立号。棜之与禁，因物立名。大夫尊以厌饫为名，士卑以禁戒为称。复有以有足无足立名，棜无足，禁有足。非祭礼，虽大夫去足犹存禁名。至祭则名棜，禁不为神戒也。"郑玄《仪礼注》曰："棜，斯禁也。谓之棜者，无足有似棜。大夫用斯禁，士用棜禁，如今方案，隋长局高三寸。"

洗 古代盥洗用的器皿，形似浅盆，圆形、宽口沿、平底或圜底。郑玄《仪礼注》曰："洗，承盥洗者，弃水器也。"

槃 承水之盘。《说文》曰："槃，承槃也。从木，般声。古文从金，籀文从皿，字亦作鎜、作盤。"

匜 礼器，用于沃盥之礼，为客人洗手所用。周朝沃盥之礼所用水器由盘、盉组合变为盘、匜组合。匜形椭长，前有流，后有鋬，多有四足。郑玄《仪礼注》曰："槃匜，盥器也。流，匜口也。"

豆 《说文》曰："古食肉器也。"其形似高脚盘，或有盖。瓦豆即陶制之豆。㲄豆，㲄即白，白豆也。

镫 郑玄《仪礼注》："瓦豆谓之镫。"贾公彦《仪礼疏》："瓦豆谓之镫。诗云：于豆于登。毛亦云：木曰豆，瓦曰登。"按，豆，本是盛放肉酱一类食物的器物。由于制作豆的材料不同，因而分别有不同的名称。其中，用陶制作的豆，称之为登。

鬲 古代煮饭用的炊器，一般为侈口（口沿外倾），有三个中空的足，便于炊煮加热。鬲和鼎的主要区别在足部，鬲足中空，足壁与器壁相连，足壁也就是器底。重鬲，即悬于木架上瓦鬲。郑玄《仪礼注》曰："重鬲，鬲将悬重者也。"胡培翬《仪礼正义》曰："以饭尸之余米，用鬲煮为鬻县于重，故名重鬲，或曰鬲用二，故云重。重鬲，二鬲也。"重，为悬物之木。郑玄《仪礼注》曰："木焉，悬物焉为重。"重木为悬挂器物的横木。

敦 青铜器名，古代用来盛放黍、稷、粱、稻等饭食的器皿，由鼎、簋的形制结合发展而成。盖和器身都作半圆球形，各有三足或圈足，上下合成球形，盖可倒置。就饪食器总体的发展变化而言，与鼎中盛肉食相配套的盛饭食的器物，西周是簋，春秋是敦，战国以后则是盒。金敦即用金装饰的敦，敖继公曰："金敦，以金饰之也。"废敦即无足之敦。瓦敦即瓦制之敦。

簠 用于盛放煮熟饭食的器皿，也用作礼器，圆口，双耳。《说文》曰："黍稷方器也。"《广韵》曰："簠簋，祭器，受斗二升，内圆外方曰簠。"清代段玉裁《说文解字注》曰："黍稷方器也。周礼舍人注曰：'方曰簠，圆曰簋。盛黍稷稻粱也。'掌客注曰：'簠，稻粱器也。簋，黍稷器也。'"

簋 盛放黍、稷、粱、稻等饭食的器具，《周礼·舍人》："凡祭祀共簠簋。"簋的基本形制为长方形器，盖和器身形状相同，大小一样，上下对称，合则一体，分则为两个器皿。

俎 四脚方形盘，常设肉。《说文》曰："从半肉在且上。"且，祭祀所用的礼器。

罍 大型盛酒水的礼器。斜肩，深腹，圈足式，亦有少数为平底，有盖。

甒 盛酒有盖瓦器，口小，腹大，底小，较深。郑玄《仪礼注》曰："瓦甒，五斗。"

甗 饪食器和礼器。上部用以盛放食物，称为甑，甑底是一有穿孔的箅，以利于蒸汽通过；下部是鬲，用以煮水，高足间可烧火加热。

瓦大 又名膳尊，为君所用。《仪礼·燕礼》注曰："瓦大，有虞氏之尊也。《礼器》曰：'君尊瓦甒。'"胡培翚曰："有虞氏上陶，故用瓦大。引《礼器》者，证瓦大即瓦甒也。"瓦甒，古代陶制的酒器。《礼记·礼器》注曰："瓦甒，五斗。"孔颖达疏曰："此瓦甒，即《燕礼》'公尊瓦大'也。"

瓮 陶器。郑玄《仪礼注》曰："瓮，瓦器，其容亦盖亦一觳。"

匕 勺、匙之类的取食用具。《说文解字》曰："相与比叙也。

从反人。匕，亦所以用比取饭，一名柶。凡匕之属皆从匕。卑履切。"
匕枋即匕的柄。疏匕，郑玄《仪礼注》曰："疏匕，匕柄有刻饰者。"
桃匕，郑玄《仪礼注》曰："桃谓之歃，读如'或舂或抭'之抭。
字或作桃者，秦人语也。此二匕者，皆有浅升，状如饭操。挑，长
枋。可以抒物于器中者。"

柶 舀取食物的礼器，像勺子。

勺 《说文》曰："勺，挹取也。"即舀酒器，形如有曲柄的小斗。
素勺即素色勺。

枓 郑玄《仪礼注》曰："枓，斛水器也。凡设水用罍，沃盥
用枓。"即挹酒器，一小杯连铸一条弯曲形的长柄。

爵 同"雀"。《说文》曰："礼器也。象爵之形。中有鬯酒。
又持之也。"《考工记·梓人》引《韩诗》云："一升曰爵，二升曰觚，
三升曰觯，四升曰角，五升曰散。"废爵，即无足之爵；足爵即有
足之爵；繶爵，古时口足之间饰有篆文的饮酒器，郑玄《仪礼注》
曰："繶爵，口足之间，有篆文弥饰。"贾公彦《仪礼疏》曰："繶
是屦之牙底之间缝中之饰，则此爵云繶者，亦是爵口足之间有饰可
知。"散爵为臣所用之爵。

觚 饮酒器，礼器。圈足，敞口，长身，口部和底部都呈现为
喇叭状。象觚，以象骨为饰，或饰以象形花纹的酒器，为国君专用。
郑玄《仪礼注》曰："觚有象骨饰也。"象觚又叫膳爵。

觯 饮酒器，礼器。形似尊而小，或有盖。角觯为饰角之觯。
散觯为臣所用之觯。象觯以象觚度之，当以象骨为饰之觚。

角 饮酒器，礼器。形似爵而无柱，两尾对称，有盖，用以温
酒和盛酒。

散 王国维认为，散即斝的别称。容量为五升，除以漆涂面外，

不用别物装饰。《周礼·春官·鬯人》："庙用修，凡山川四方用蜃，凡裸事用概，凡副事用散。"郑玄《仪礼注》："修、蜃、概、散皆漆尊也……概尊以朱带者，无饰曰散。"

壶　酒器名，深腹，敛口。《说文》曰："壶，昆吾圆器也。"方壶，圆肚方口，卿大夫士所用。圜壶，士旅食所用。

丰　古代礼器，形状似豆而稍低，用以承酒觯，郑玄《仪礼注》曰："丰，所以承觯者也，如豆而卑。"

合卺　一瓠所分两瓢，古代昏礼所用酒器。吴廷华曰："盖分一瓠为二，不用则合为一也。"

几　《说文》曰："几，坐所以凭也。"素几，即古代丧事中用的涂以白土的小几。《周礼·春官·司几筵》曰："凡丧事，设苇席，右素几。"孙诒让《周礼正义》曰："巾车、素车注云'以白土垩车也'，此素几当与彼同；丧事略，故不漆也。"燕几，《仪礼疏》曰："燕，安也，当在燕寝之内，常冯（凭）之以安体也。"可知燕几最早是古人倚凭用的一种小几。

筵　《说文》曰："竹席也。"《周礼·春官·司几筵》注曰："铺陈曰筵，藉之曰席。筵铺于下，席铺于上，所以为位也。"席，即蒲席，供坐卧铺垫的用具。蒲席即芦席。衽为卧席，枕为枕头。

斧依　亦称"斧扆"，古代天子坐处在东西户牖之间所设的用具。状如屏风，高八尺，以绛为质，其上绣为斧文。《仪礼·觐礼》注："依，如今绨素屏风也。"

笾　《仪礼·士冠礼》疏云："竹器，如豆者。"无滕笾，即收口时不编边缘的笾，滕即笾的边缘。

箪　《说文》曰："箪，笥也。"即古代盛饭的圆形竹器。

筐　《广韵》曰："竹器。方曰筐，圆曰筐。"《孟子注疏》曰：

"筐，以竹为之，长三尺，广一尺，深六寸，足高三寸，上有盖也。"郑玄《仪礼注》曰："筐，竹器如笭者。"膳筐为盛国君饮酒器的竹筐。

筥 盛物的圆形竹筐。《说文》曰："筥，筲也。从竹，吕声。"《字林》曰："筥，饭器，受五升。秦谓筥也。"

竹簋方 《仪礼·聘礼》注曰："竹簋方者，器名也，以竹为之，状如簋而方。"疏曰："凡簋皆用木而圆，受斗二升，此则用竹而方，故云如簋而方，受斗二升则同。"

苞 以苇编成，用以裹羊豕肉。聂崇义认为苞是圆筐状的。

筲 以菅草编成，用以盛黍稷麦。郑玄《仪礼注》曰："筲，畚种类也。其容盖与簋同一觳也。"

杅 盛浆汤等的器皿。

匴 古代行冠礼时装帽子的竹器，郑《注》曰："竹器名，今之冠箱也。"

笥 古代盛物器具，形状如同今日长方形小箱。《说文》曰："笥，盛食器也。"

笲 古代一种形制似筥的盛器。《仪礼·士昏礼》注曰："笲，竹器而衣者。其形盖如今之筥。"陆德明《释文》曰："笲，音烦。一音皮彦反。器名。以苇若竹为之，其形似筥，衣之以青缯，以盛枣、栗、腶脩之属。"桥为笲上的横梁。

策 《左传·序》疏曰："单执一札谓之为简，连编诸简乃名为策。"

箧 指小箱子，藏物之具。大曰箱，小曰箧。郑玄《仪礼注》曰："隋方曰箧。"贾公彦《仪礼疏》曰："隋，谓狭而长也。"

椟 《说文》曰："匮也。"《释文》曰："函也。凡缄藏物者皆曰楑。"

毕 木制分叉，用以指挥陈器的礼器。《礼记·杂记上》曰："毕用桑，长三尺，刊其柄与末。"郑玄《仪礼注》曰："毕状如叉，盖为其似毕星，取名焉。"

韇 占卜用的蓍草筒。上韇即筮时放蓍草的筒的上半部；下韇即筮时放蓍草的筒的下半部。筮即筮卦蓍草。所卦者为记卦爻的木板。

路 古代帝王所乘的五种车子，即玉路、金路、象路、革路、木路。《周礼·春官·巾车》曰："王之五路，一曰玉路，锡，樊缨，十有再就，建大常，十有二斿，以祀；金路，钩，樊缨九就，建大旂以宾，同姓以封；象路，朱，樊缨七就，建大赤以朝，异姓以封；革路，龙勒条缨五就，建大白以即戎，以封四卫；木路，前樊鹄缨，建大麾，以田，以封蕃国。"偏驾，为诸侯所乘的车。郑玄《仪礼注》曰："在旁与己同曰偏。"贾公彦《仪礼疏》曰："依《周礼》巾车掌王五路：玉路以祀，不赐诸侯；金路以宾，同姓以封；象路以朝，异姓以封；革路以即戎，以封四卫；木路以田，以封蕃国。此五路者，天子所乘，为正；四路者，诸侯乘之，为偏。" 吴延华《仪礼章句》曰："王五辂，正驾也；诸侯金路以下，俱谓之偏。"

墨车 不加文饰的黑色车乘。周制，大夫所乘。《周礼·春官·巾车》曰："大夫乘墨车。"郑玄《仪礼注》曰："墨车，不画也。"郑玄《仪礼注》曰："墨车，漆车，士而乘墨车，摄盛也。"袸为车上的帷幕，绥为上车拉的手绳。

柩车 载柩之车。贾公彦《仪礼疏》曰："栈车，柩车，即蜃车。四轮迫地，无漆饰。"车上，輤为车辕；綍为缰绳；缨为马颈丝带；束为束棺于车，有前束与后束；柳为柩周围如尖顶帐篷形的木框架；荒为柳上帐篷顶所围之布；帷为柳上如墙般置于四周之布；池为竹质丧饰，形如悬于屋檐下承接雨水的屋霤，外套青色布套；纽为连接棺顶与四周布的扣纽；齐为柳的顶端的装饰，形如三个圆球累加，最上为朱色最小，中间白色稍大，最下苍色最大；披为棺边帛带，柩车进行时拉披可防止道路颠簸致使的棺柩倾斜；引为引柩车绳。

旂 有铃之旗。《说文》曰："旗有众铃，以令众也。"《尔雅》曰："画作两龙相依倚也。通以赤色为之，无文彩。诸侯所建也。有铃曰旂。"龙旂，为画有两龙蟠结的旗帜。天子仪仗之一。《周礼·考工记·辀人》曰："龙旂九斿，以象大火也。" 注曰："交龙为旂，诸侯之所建也。"疏曰："九斿，正谓天子龙旂。"物为杂色之旗。

大旂 大常旗，天子所建之旗。《周礼·春官·巾车》注曰："大常，九旗之画日月者，正幅为縿，斿则属焉。"《仪礼·觐礼》注曰："大旂，大常也；王建大常，縿首画日月，其下及旒，交画升龙降龙。"

翿旌 旌为旗，翿旌为古代用红白羽毛交杂制成的彩旌，旗杆顶部有鸟羽合如伞盖。敖继公云："翿旌即白羽与朱羽糅者也。"

弧 张旗弓也。《周礼·明堂位》注曰："弧，旌旗所以张幅也。"疏曰："弧以竹为之，其形为弓。"《周礼·考工记·辀人》注曰："弧，以张縿之幅。"疏曰："弧旌者，弧弓也。旌旗有弓，所以张縿幅，故曰弧旌也。"

笏 古代君臣在朝廷上相见时手中所拿的狭长板子，按品第分别用玉、象牙或竹制成，以为指画及记事之用。《说文》曰："笏，礼玉藻。笏天子以球玉；诸侯以象；大夫以鱼须文竹；士竹、本象可也。"

铭 大夫、士死后，上书其名的旗子。按，铭，记也，识也，谓书写死者之名作为柩的标识。郑玄《仪礼注》曰："铭，明旌也。"明旌，即以旌明柩之意。

戈 《说文》曰："戈，平头戟也。从弋、一，横之象形。"按，戈者，柲也，长六尺六寸，其刃横出，可钩可击，与矛专刺、殳专击者不同，亦与戟之兼刺与钩者异。

功布 用大功之布做的器具，形制类似后世的麾，启殡时用以拂拭灵柩，柩车出发后，商祝用以指挥行车。

附表二

年代	作者	著作	图表	出处	页码	附注
五代宋初	聂崇义	《三礼图集注》	箅	《四库全书》第129册经部卷二	31	
			桥		32	
			壶		69	
			矢		70	有三等
			三马		71	
			特县钟		71	
			特县磬		72	
			编钟		73	
			编磬		74	
			瑟		75	
			琴		76	
			竽		76	古竽
			笙	《四库全书》第129册经部卷五	77	古笙
			古埙		77	
			今埙		77	
			簠		78	
			簋		78	
			籥		79	
			箫		79	
			柷		80	
			敔		80	
			牍		81	
			应		81	
			雅		82	
			相		82	

续表 1

年代	作者	著作	图表	出处	页码	附注
五代宋初	聂崇义	《三礼图集注》	虎侯	《四库全书》第129册经部卷六	84	
			熊侯		85	
			豹侯		86	
			熊侯		87	畿内诸侯
			麋侯		88	畿内有采地卿大夫所射
			大侯		88	畿外诸侯所射
			糁侯		89	
			豻侯		90	
			五正侯		90	
			三正侯		91	
			二正侯		91	
			兽侯	《四库全书》第129册经部卷七	92	熊首
			兽侯		93	麋首
			兽侯		93	虎豹首
			兽侯		94	鹿豕首
			鼓足		94	
			建鼓		95	
			鼗鼓		95	
			雷鼓		96	
			灵鼓		96	
			路鼓		97	
			鼖鼓		97	
			馨鼓		98	
			晋鼓		99	
			金錞		99	
			金镯		100	

续表2

年代	作者	著作	图表	出处	页码	附注
五代宋初	聂崇义	《三礼图集注》	金铙	《四库全书》第129册经部卷七	100	
			金铎		101	
			赤楯		101	
			玉戚		101	
			帗舞		101	
			羽舞		102	
			皇舞		102	
			乏	《四库全书》第129册经部卷八	103	
			并夹		104	
			彤弓		104	
			旅弓		104	
			彤矢		105	
			旅矢		105	
			楅		106	
			韦当		106	
			鹿中		107	
			兕中		107	
			皮树中		108	
			闾中		108	
			虎中		109	
			筭		109	
			扑		110	
			射物		110	
			朱极三		111	
			遂		111	
			次		112	

续表 3

年代	作者	著作	图表	出处	页码	附注
五代宋初	聂崇义	《三礼图集注》	扆	《四库全书》第 129 册经部卷八	113	
			几		113	
			筵		114	
			龟		114	
			燋		115	
			楚焞		115	
			菁龘		116	
			画爻木		116	
			卦板		117	
			佩玉		117	
			韨		118	
			大带		119	
			笏		119	
			舄		120	
			太常	《四库全书》第 129 册经部卷九	122	
			旂		122	
			旜		123	
			物		123	如旜素饰其侧
			旗		124	
			熊旗		124	
			旒		125	龟蛇合体
			龙旐		126	
			翿旗		126	又作翿旌
			玉辂		127	节服氏
			节服氏		129	
			车盖		129	
			戈		130	
			防		130	

续表 4

年代	作者	著作	图表	出处	页码	附注
五代宋初	聂崇义	《三礼图集注》	大圭	《四库全书》第129册经部卷十	131	
			冒		132	
			镇圭		133	
			桓圭		134	
			信圭		134	
			躬圭		135	
			谷璧		135	
			蒲璧		136	
			牙璋		136	
			榖圭		137	
			大璋		138	
			驵琮		138	
			大琮		139	
			琬圭		139	
			琰圭		140	
			王者圭玉缫藉		141	
			王者圭玉缫藉		141	疏义
			王者圭玉缫藉		141	又疏义
			王者圭玉缫藉		141	又一说
			诸侯缫藉		142	
			谷璧蒲璧缫藉		142	同制
			黍尺	《四库全书》第129册经部卷十一	145	
			指尺		145	
			璧羡		146	
			苍璧		147	色青
			黄琮		148	色黄

续表 5

年代	作者	著作	图表	出处	页码	附注
五代宋初	聂崇义	《三礼图集注》	青圭	《四库全书》第129册经部卷十一	148	色青
			赤璋		149	色赤
			白琥		149	色白
			玄璜		150	色玄
			四圭有邸		151	色赤
			两圭有邸		152	色青
			圭璧		153	色白
			璋邸射		154	色白
			方明		154	
			方明坛		155	
			鲍爵	《四库全书》第129册经部卷十二	157	
			瓦甒		158	有盖
			蜃尊		159	
			概尊		160	
			散尊		160	
			大罍		161	有盖
			大璋瓒		161	
			中璋瓒		162	
			边璋瓒		163	
			方壶		163	
			圆壶		164	
			酒壶		164	
			瓮		165	
			疏勺		165	
			蒲勺		166	
			爵		166	

续表6

年代	作者	著作	图表	出处	页码	附注
五代宋初	聂崇义	《三礼图集注》	瓠	《四库全书》第129册经部卷十二	167	
			觯		167	
			角		168	
			散		168	
			觥		169	
			丰		170	
			梡		170	
			陈馔梡		171	
			禁		171	
			覆馔巾		172	
			筐		173	有盖
			筥		174	
			大筐		174	
			小筐		175	
			竹簋方		176	有盖
			斛	《四库全书》第129册经部卷十三	178	量名
			釜		179	
			牛鼎		180	
			羊鼎		180	
			豕鼎		181	
			鼎幂		181	
			牛鼎扃		182	
			羊鼎扃		182	
			豕鼎扃		182	
			朼		182	
			疏匕		183	
			挑匕		183	

续表 7

年代	作者	著作	图表	出处	页码	附注
五代宋初	聂崇义	《三礼图集注》	毕	《四库全书》第129册经部卷十三	184	
			铏鼎		185	有盖
			铏栖		186	
			洗		187	
			洗罍		188	
			洗勺		189	
			盥盘		189	
			匜		190	
			簠		191	有盖
			簋		191	有盖
			敦		192	有盖
			豆		193	有盖
			笾		193	
			登		194	有盖
			笾巾		195	
			梡俎		195	
			嶡俎		196	
			棋俎		196	
			房俎		197	
			鸡彝	《四库全书》第129册经部卷十四	198	
			鸡彝舟		199	
			鸟彝		200	
			斝彝		200	
			黄彝		201	
			虎彝		201	
			蜼彝		202	
			画布巾		202	

续表 8

年代	作者	著作	图表	出处	页码	附注
五代宋初	聂崇义	《三礼图集注》	龙勺	《四库全书》第129册经部卷十四	203	
			圭瓒		203	
			瓒槃		204	
			璋瓒		204	
			献尊		205	阮元义
			献尊		205	郑玄义
			象尊		206	阮元义
			著尊		207	
			壶尊		207	
			太尊		208	
			山尊		208	
			防布巾		209	
			玉爵		209	
			爵坫		210	
			罍		210	有盖
			掩	《四库全书》第129册经部卷十七	237	
			幎目		237	
			鬠笄		238	
			冒		238	
			衾		239	
			紟		240	
			夷衾		240	
			小敛绞		241	
			大敛绞		241	
			明衣		242	
			明衣裳		242	
			握手		243	

续表 9

年代	作者	著作	图表	出处	页码	附注
五代宋初	聂崇义	《三礼图集注》	纩极	《四库全书》第 129 册经部卷十七	244	
			决		244	
			饭珠		244	
			含贝		244	
			浴盘		245	
			夷盘		246	
			夷床		246	
			浴床		247	
			驵圭		247	
			重		248	
			铭旌		250	
			蕣		251	并牍
			龟		252	
			燋		252	
			楚焞		252	
			輁轴	《四库全书》第 129 册经部卷十八	253	
			龙辁		255	
			熬筐		255	
			耒耜		257	
			蓑		257	
			笠		257	
			折		257	
			抗席		258	
			抗木		258	
			茵		259	
			苞		259	
			遣车		260	

续表 10

年代	作者	著作	图表	出处	页码	附注
五代宋初	聂崇义	《三礼图集注》	筲	《四库全书》第 129 册 经部 卷十八	261	
			瓮		262	
			甒		262	
			桁		263	
			赗方		263	
			遣策		264	
			椑		265	
			功布		266	
			纛		267	
北宋	陈祥道	《礼书》	觿	《四库全书》第 130 册 经部 卷二十一	119	或以象，或以角
			韘		120	韘沓极一物而三名，以朱韦为之
			捍		120	
			纷帨		120	
			砺		120	金青
			遰		121	刀鞘
			金燧		121	
			木燧		121	
			鉴		121	
			刀	《四库全书》第 130 册 经部 卷二十二	124	柄饰以木
			削刀		125	合成六规
			鸾刀		125	前有鸾，后有和
			剑		125	
			剑椟		125	
			夫襓		126	剑衣
			缨		126	
			綮帙		126	

续表 11

年代	作者	著作	图表	出处	页码	附注
北宋	陈祥道	《礼书》	熊席	《四库全书》第130册经部卷四十七	282	
			越席		283	藁秸
			衽		283	
			周礼五几漆几	《四库全书》第130册经部卷四十八	289	
			雕几		290	
			素几		290	
			玉几		290	
			彤几		290	
			书四几 华玉		291	
			漆几		291	
			文贝		291	
			雕玉		291	
			笏	《四库全书》第130册经部卷五十一	314	
			大圭		315	
			诸侯荼		315	前诎后直
			大夫笏		315	
			士竹本		315	
			冒圭	《四库全书》第130册经部卷五十二	319	四寸
			镇圭		319	尺二寸有必
			大琮		319	
			王驵琮		330	
			后驵琮	《四库全书》第130册经部卷五十三	330	
			上公桓圭		330	
			侯信圭		330	
			伯躬圭		331	
			子谷璧		331	

续表 12

年代	作者	著作	图表	出处	页码	附注
北宋	陈祥道	《礼书》	男蒲璧	《四库全书》第130册经部卷五十三	331	
			介圭		331	
			王缫		332	五采五就
			公侯伯缫		332	三采三就
			子男缫		332	朱绿二采再就
			聘王缫		332	三采六就
			问诸侯缫		333	二采再就
			四圭有邸	《四库全书》第130册经部卷五十四	337	
			苍璧		338	
			两圭有邸		338	
			黄琮		338	
			圭璧		339	
			璋邸射		339	
			青圭		339	
			赤璋		339	
			白琥		339	
			玄璜		340	
			牙璋		340	
			中璋		340	
			圭瓒	《四库全书》第130册经部卷五十五	344	
			璋瓒		345	
			大璋		345	中璋边璋
			穀圭		345	
			大璋		345	
			琬圭		346	
			琰圭		346	

续表 13

年代	作者	著作	图表	出处	页码	附注
北宋	陈祥道	《礼书》	璧羡	《四库全书》第130册经部卷五十六	350	袤一尺广八寸
			璪圭		350	八寸
			璪璋		350	八寸
			璪璧		350	八寸
			璪琮		350	八寸
			合六币 圭以马		351	
			璋以皮		351	
			璧以帛		352	玄纁
			琮以锦		352	
			琥以绣		352	
			璜以黼		352	
			玉案		353	十有二寸
			环		353	
			瑗		353	
			龙节	《四库全书》第130册经部卷五十七	357	金为之
			人节		357	金为之
			虎节		357	金为之
			符节		357	
			管节		357	
			旌节		357	
			英荡		357	
			传		357	
			玺书		357	
			币帛	《四库全书》第130册经部卷五十八	364	帛锦附
			币帛		365	帛锦附

续表 14

年代	作者	著作	图表	出处	页码	附注
北宋	陈祥道	《礼书》	释币	《四库全书》第130册经部卷五十九	371	
			筐		371	
			篚		371	
			皮帛 虎皮	《四库全书》第130册经部卷六十	375	王之孤饰贽以虎
			豹皮		376	公之孤饰贽以豹
			孤		376	希冕
			羔		376	
			雁		376	
			士昏贽雁	《四库全书》第130册经部卷六十一	380	
			雉		380	
			腒		380	
			鹜		381	
			鸡		381	
			野外军中贽 缨		381	
			拾		381	
			矢		382	
			妇人贽笲		382	音烦，一音皮彦反，器名，以苇若竹为之，其形如莒，衣之以青缯，以盛枣栗腶脩之属
			虞主	《四库全书》第130册经部卷七十	444	主制不一，今从何休之说
			吉主		445	练主用栗刻而谥之以辨昭穆
			师行载主迁主		445	
			社主		445	
			祏		445	
			匰		446	
			坫		446	

续表 15

年代	作者	著作	图表	出处	页码	附注
北宋	陈祥道	《礼书》	六龟		467	西龟左倪，东龟前弇，天龟俯，地龟仰，南龟后弇，北龟右倪
			燋		467	
			楚焞		467	
			卜法	《四库全书》第130册经部卷七十三	468	
			蓍		468	
			筮法		468	
			蓍韇		468	
			画爻木		469	
			卦板		469	
			系币		469	
			互	《四库全书》第130册经部卷七十六	488	
			盆		488	
			簝		488	
			茅苴	《四库全书》第130册经部卷八十二	518	
			茅旌		519	
			道布		519	
			鸡彝		592	
			鸟彝		592	
			斝彝		592	
			黄彝	《四库全书》第130册经部卷九十五	593	
			虎彝		593	
			蜼彝		593	
			牺尊		593	
			象尊		594	
			壶尊		594	

续表 16

年代	作者	著作	图表	出处	页码	附注
北宋	陈祥道	《礼书》	著尊	《四库全书》第130册经部卷九十五	594	
			大尊		594	
			山尊		594	
			卣	《四库全书》第130册经部卷九十六	599	
			祀天牺象		599	
			山罍		599	
			金罍		599	金饰龟目
			大罍		599	
			圜壶	《四库全书》第130册经部卷九十七	602	
			方壶		603	
			废禁		603	饰以朱
			棜禁		603	大夫曰棜，士曰禁，饰以朱
			丰		603	饰以朱
			彝舟		604	
			盏	《四库全书》第130册经部卷九十八	606	
			斝		607	
			爵		607	
			觚		607	觯角散说附
			觥	《四库全书》第130册经部卷九十九	611	
			俄勺		612	
			疏勺		612	
			蒲勺		612	
			㭉枓		612	
			斗		613	
			萧		613	
			鼎		613	
			鬲		613	
			铏		614	

续表 17

年代	作者	著作	图表	出处	页码	附注
北宋	陈祥道	《礼书》	束幂	《四库全书》第130册经部卷一百	617	茅为之，束其本，饰以朱
			编幂		617	茅为之，编其中，饰以朱
			大扃		617	饰以朱
			小扃		618	饰以朱
			疏布		618	白色
			画布巾		618	画斧
			笲豆巾		618	繢里
			兼巾		619	
			有虞氏梡		619	色朱而浅四足皆直
			夏后氏嶡		619	色朱，形与前同，加以横距
			商椇		619	色白，四足，曲下有横距
			周房俎		620	
			敦		622	郑玄曰：士丧礼敛启会面足。郑氏曰：面足执之合，两足间乡前即敛足非如旧图，然也。近代有得古敦于地中亦三尺。虞敦、玉敦、金敦附
			废敦	《四库全书》第130册经部卷一百一	623	无足无饰
			簠		623	
			簋		623	大夫以下无镂簋
			豆		623	有揭豆有玉豆
			笾		624	有縢丧祭之笾无縢
			竹簋方		624	
			登		624	
			雕匪		624	

年代	作者	著作	图表	出处	页码	附注
北宋	陈祥道	《礼书》	鏼	《四库全书》第130册经部卷一百二	630	
			锜		631	
			釜		631	
			鍑		631	
			鬲		631	
			甗		632	郑司农曰：甗，无底甑。郑康成曰：如甑，一孔
			甑		632	匕穿
			黍匕		632	
			挑匕		632	
			疏匕		633	
			桑匕		633	
			棘毕	《四库全书》第130册经部卷一百三	635	
			桑毕		636	
			醴柶		636	色白
			铏柶		636	色赤
			鼓		636	
			概		637	
			《考工记》（甫）		637	亦谓之釜，重一钧，容六斗四升
			《律历志》（甫）		637	重二钧，容十斗
			洗	《四库全书》第130册经部卷一百四	641	
			罍		641	
			槃		641	
			枓		642	《考工记》：梓人为勺一升。枓，勺类也，矢溷丑。斗与此枓同
			匜		642	

续表 19

年代	作者	著作	图表	出处	页码	附注
北宋	陈祥道	《礼书》	筥	《四库全书》第130册经部卷一百四	642	《说文》曰：筥，筲也。宋魏之间谓箸筒为筥，则其制圆而长矣。米筥盖亦类此
			盆		642	士丧盆盥
			篚		643	
			笄		643	
			箪		643	
			笥		643	
			匴		644	
			天子三侯	《四库全书》第130册经部卷一百五	646	
			畿内诸侯熊侯		653	中与上下躬上下个，与天子熊侯之制同
			豹侯		653	上中下躬上下个，与天子豹侯之制同
			畿内卿大夫麋侯		653	中与上下躬上下个，同豹侯
			畿外诸侯大侯		654	中亦广崇丈八尺，上下躬个，亦与天子大侯同
			参侯	《四库全书》第130册经部卷一百六	654	中躬个广修，与麋侯同
			干侯		654	中躬个广修，与参侯同
			天子虎侯五正		654	
			熊侯五正		655	
			豹侯五正		655	
			诸侯熊侯五正		655	
			豹侯三正		655	
			大夫麋侯二正		656	
			士豻侯二正		656	

续表 20

年代	作者	著作	图表	出处	页码	附注
北宋	陈祥道	《礼书》	天子熊侯白质	《四库全书》第130册经部卷一百七	658	
			诸侯麋侯赤质		659	
			大夫布侯		659	
			士布侯		659	
			主皮之射		659	
			贯革之射		660	
			祭侯礼	《四库全书》第130册经部卷一百九	665	
			楅		665	乡射主楅犹楅也,所以扬笴齐矢也,两端为龙首,中央为蛇身髹赤黑漆
			韦当		665	乡射记注云:直心背之晳当以丹韦为之
			物		666	以丹为黑度尺而午
			鹿中	《四库全书》第130册经部卷一百十	669	中者前跪髹赤黑色
			兕中		669	
			皮树中		669	
			闾中		669	
			椹质	《四库全书》第130册经部卷一百十一	673	
			并夹		674	形制类铁
			弩		675	发弦之处谓之机
			雕弓		675	
			彤弓		675	
			黑弓		675	
			弓	《四库全书》第130册经部卷一百十二	677	臂弣蔽箫隈渊菱附
			弓韣		678	
			弓檠		678	
			弓柲		678	
			依挞		678	

续表 21

年代	作者	著作	图表	出处	页码	附注
北宋	陈祥道	《礼书》	彤矢	《四库全书》第 130 册经部卷一百十三	681	
			茨矢		682	
			矰矢		682	
			矢箙		682	
			镞		682	镞刃镞笴鹐
			矢括		683	
			宾主授受之仪	《四库全书》第 130 册经部卷一百十四	686	
			设壶释矢之仪		686	
			数筭立马之仪		686	
			觚		687	角觚
			马		687	
			筹		687	
			筭		687	
			壶		688	
			鼓		688	或方或圆，与投壶篇所画同
			殳	《四库全书》第 130 册经部卷一百十五	692	
			酋矛		693	
			夷矛		693	
			厹矛		693	
			戈		693	
			戟		697	
			甲	《四库全书》第 130 册经部卷一百十六	698	
			钎		698	
			甲裳		698	
			胄		698	
			介驷		699	

续表 22

年代	作者	著作	图表	出处	页码	附注
北宋	陈祥道	《礼书》	黄钟	《四库全书》第 130 册经部卷一百十七	703	
			大吕		703	
			太簇		703	
			夹钟		703	
			姑洗		704	
			中吕		704	
			蕤宾		704	
			林钟		704	
			夷则		705	
			南吕		705	
			无射		705	
			应钟		705	
			钟虡		720	
			磬虡		720	
			大钟	《四库全书》第 130 册经部卷一百十九	720	钟之制，旁有两栾正有两面，而面皆有带间有枚。则钟体固不圆而衡角之间，无带矣。贾公彦曰钟如铃而不圆，是也。郑玄曰：带介于衡角之阔间误也
			撞木		721	
			大磬	《四库全书》第 130 册经部卷一百二十	725	后长二律，尺八寸。博九寸，厚二寸。弦者，两头相望者也。两弦之间三尺三寸七分半。前长三律二，尺七寸，博六，厚三寸
			编钟		726	
			编磬		726	

续表 23

年代	作者	著作	图表	出处	页码	附注
北宋	陈祥道	《礼书》	镈	《四库全书》第130册经部卷一百二十	726	
			錞		726	
			镯		727	
			铙		727	
			金铎		727	
			木铎		727	
			土鼓	《四库全书》第130册经部卷一百二十一	731	
			蒉桴		731	
			足鼓		731	
			楹鼓		732	
			晋鼓		735	
			雷鼓	《四库全书》第130册经部卷一百二十二	736	
			灵鼓		736	
			路鼓		736	
			鼖鼓		736	
			提鼓		737	
			鼛鼓		739	
			鼗鼓	《四库全书》第130册经部卷一百二十三	739	
			鼙		739	应鼓号应鼙，朔鼓号朔鼙
			柎		740	相
			雅		742	
			埙	《四库全书》第130册经部卷一百二十四	742	
			缶		742	
			琴		743	
			瑟		743	

年代	作者	著作	图表	出处	页码	附注
北宋	陈祥道	《礼书》	柷	《四库全书》第130册经部卷一百二十五	746	
			敔		746	
			止		746	
			甑		747	
			牍		747	
			应		747	
			竽		747	
			笙		748	
			箫		748	大者，一十四管；小者，十六管
			篪	《四库全书》第130册经部卷一百二十六	750	
			篴		751	
			籥		751	
			管		751	
			车制	《四库全书》第130册经部卷一百三十五	791	
			辇车	《四库全书》第130册经部卷一百三十六	795	辇车，无面饰，无蔽幰，则漆之而已。《说文》曰：有辐曰轮，无辐曰辁。郑氏释巾车曰辇车，辁轮释。《杂记》曰：辁，崇盖半，乘车之轮
			大车	《四库全书》第130册经部卷一百三十七	797	大车，牛车也。郑氏曰：大车，平地载任之车。毂长半柯者也。《说文》曰：輚軨，大车，篸也

续表 25

年代	作者	著作	图表	出处	页码	附注
北宋	陈祥道	《礼书》	车战之法	《四库全书》第 130 册经部卷一百三十九	801	
			辇		801	
			輂		801	
			安车		801	
			轸	《四库全书》第 130 册经部卷一百四十	804	
			轐		804	
			毂		804	有贤有軹有数有篆有帱
			軹		804	在外
			辐		804	
			牙		804	
			辀		807	辖
			轴	《四库全书》第 130 册经部卷一百四十一	808	
			轮		808	
			轫		808	一名泥枝车者也
			盖		808	有部达常桯弓衣弦
			弓		809	
			舆		814	
			较轼轛轸	《四库全书》第 130 册经部卷一百四十二	814	
			轸輖軹		814	
			軓		815	
			任正		815	
			輈	《四库全书》第 130 册经部卷一百四十三	817	
			阴板		817	
			衡任		817	
			前疾		818	

续表 26

年代	作者	著作	图表	出处	页码	附注
北宋	陈祥道	《礼书》	乘石	《四库全书》第 130 册经部卷一百四十四	820	
			绥		820	
			帷裳	《四库全书》第 130 册经部卷一百四十五	822	
			萧		823	箪萧翟萧
			扃		823	
			辅		823	
			辀		823	禹之四载曰舟车辀橇、辀以行泥，亦曰毳，曰蕝。橇以行山，亦曰桥，曰蹻。莩，今参酌《礼经》有辀制于此
			乘车	《四库全书》第 130 册经部卷一百四十六	825	
			将车		826	
			卒车		826	
			虎幦		826	
			羔幦		826	
			天子十二闲	《四库全书》第 130 册经部卷一百四十七	829	
			邦国六闲		829	
			家四闲		829	
			六马车		830	
			四马车		830	
			二马车		830	
明代	刘绩	《三礼图》	斧扆	《四库全书》第 129 册经部卷二	314	
			越席		314	
			蒯席		315	
			蒲席		315	
			莞席		315	

续表 27

年代	作者	著作	图表	出处	页码	附注
明代	刘绩	《三礼图》	缫席	《四库全书》第129册经部卷二	315	
			次席		316	
			熊席		316	
			车舆		320	
			毂		323	
			轮		323	
			有虞绥		326	
			夏后旂		326	
			殷大白		327	
			周大赤即旜		327	
			大常即大旂		327	
			旂		327	
			物		328	
			旗		328	
			旟		328	
			旐		328	
			旞		329	
			旌		329	
			布巾	《四库全书》第129册经部卷三	357	
			掩		358	
			幎目		358	
			握手		358	
			质		359	
			杀		359	
			夷盘		360	
			燕几		360	
			重		362	

续表 28

年代	作者	著作	图表	出处	页码	附注
明代	刘　绩	《三礼图》	铭	《四库全书》第 129 册经部卷三	362	
			衾		363	
			夷衾		363	
			绞		363	
			折		364	
			抗木		364	
			抗席		365	
			茵		365	
			苇苞		365	
			翣		366	
			君戴圭大夫士戴绥		366	
			茅		366	
			羽葆		367	
			主		368	
			祏		368	
			天子球玉		369	
			诸侯象		369	
			大夫士笏		369	
			天子镇圭尺有二寸		370	
			公桓圭九寸		370	
			侯信圭七寸		370	
			伯躬圭七寸		370	
			子蒲璧五寸		371	
			男谷璧五寸		371	
			圭缫		371	
			璧缫		371	

续表 29

年代	作者	著作	图表	出处	页码	附注
明代	刘绩	《三礼图》	璋	《四库全书》第129册经部卷三	373	
			璜		373	
			琮		373	
			琥		373	
			璋瓒		375	
			圭瓒		375	
			夏盏		376	
			殷斝		378	
			周爵		378	
			觚		378	
			觯		378	
			角		379	
			散		380	
			匏		382	
			勺		382	
			斗		382	
			彝	《四库全书》第129册经部卷四	384	
			卣		385	
			山尊大尊		385	
			著尊		386	
			壶尊		386	
			牺尊		387	
			象尊		387	
			圆壶		388	
			方壶		388	
			罍		389	

续表 30

年代	作者	著作	图表	出处	页码	附注
明代	刘绩	《三礼图》	瓦甒	《四库全书》第129册经部卷三	392	
			幂		392	
			瓺		393	
			缶		393	
			会盇		394	
			瑚琏		395	
			簠		395	
			簋		395	
			豆		397	
			登		397	
			笾		397	
			丰		398	
			废禁		399	
			棜禁		399	即斯禁
			鍑		400	
			销		400	
			鍑		400	
			甑		402	
			甗		402	
			幂		403	
			扃		403	
			鼎		404	
			铏		405	
			桕		406	
			疏匕		407	
			挑匕		407	

续表 31

年代	作者	著作	图表	出处	页码	附注
明代	刘 绩	《三礼图》	毕	《四库全书》第 129 册经部卷三	408	
			代		409	
			有虞梡俎		409	
			夏后氏嶡俎		409	
			殷椇俎		410	
			周房俎		410	
			盉		411	
			盫		412	
			匜		413	
			盘		413	
			洗		414	
			盂		415	
			筐筐篚筲笾		415	皆制同小异
			筥筲籯		416	皆制同小异
			曲		417	
			植		417	
			旌		418	
			乏		418	又名容
			拾		418	一名遂又名捍
			决		418	
			朱极		419	
			楅		419	
			中		419	
			泽射椹质		420	
			草		420	
			侯		420	

续表 32

年代	作者	著作	图表	出处	页码	附注
明代	刘绩	《三礼图》	矢	《四库全书》第 129 册经部卷三	422	
			三马		422	
			壶		422	
清代	金榜	《礼笺》	聘用圭璋图	《四库全书》第 210 册	726	
			享用璧琮加束帛图		726	
			车轮图一		730	
			车轮图二		731	
			车舆图		731	
			輈衡伏兔图		731	
			席图		731	
			羊干戈图	《清经解》第四册第七十五种卷一	4565	
			郑注戟图		4565	
			桃氏剑图		4566	
			钟		4568	
	黄以周	《礼书通故》	筮鞸	《续修四库全书》第 112 册卷四十九名物一	560	
			书卦版		560	
			龟		561	
			燋		561	
			楚焞		561	
			夫遂		561	
			鉴		561	
			大圭		562	

续表 33

年代	作者	著作	图表	出处	页码	附注
清代	黄以周	《礼书通故》	诸侯荼	《续修四库全书》第112册卷四十九名物二	562	
			大夫笏		563	
			士笏		563	
			冒		563	
			许氏瑁		563	
			附汉秼冠		563	
			镇圭		564	
			桓圭		564	
			信圭躬圭		564	
			谷璧		565	聂图
			蒲璧		565	
			陈图		565	
			璧		565	
			璧羡		566	
			阮氏图		566	
			大琮		566	
			四圭有邸		567	
			两圭有邸		567	
			聂图四圭		567	
			两圭		567	
			圭璧		568	
			璋邸射		568	
			青璋		568	
			赤璋		568	
			白琥		569	

续表 34

年代	作者	著作	图表	出处	页码	附注
清代	黄以周	《礼书通故》	元璜	《续修四库全书》第112册卷四十九名物二	569	
			牙璋		569	
			大璋		569	
			炎圭		570	
			琬圭		570	
			戴图		570	
			縠圭		570	
			璩圭		570	
			璩璋		570	
			璩璧		571	
			璩琮		571	
			驵琮		571	
			玉瓒		572	
			新定		572	瓒
			方明		573	
			玉案		573	
			天子镇圭繅		574	
			公侯伯桓信躬三圭繅		574	
			上公使卿大夫朝天子圭繅		574	
			侯国卿大夫聘诸侯圭繅		574	
			组		574	
			虎节		575	
			人节		575	
			龙节		575	
			符节		575	

续表 35

年代	作者	著作	图表	出处	页码	附注
清代	黄以周	《礼书通故》	玺节	《续修四库全书》第112册卷四十九名物二	575	
			旌节		575	
			管节		575	
			英荡		576	
			陈图		576	
			束帛		577	
			鸡彝		577	
			鸟彝		577	
			斝彝		578	
			黄彝		578	
			虎彝		578	
			蜼彝		578	
			舟槃		579	
			献尊		579	
			象尊		580	
			阮图附		580	
			牺尊		580	
			象尊		580	
			著尊		581	
			壶尊		581	
			陈氏著尊		581	
			陈氏壶尊		581	
			大尊		582	
			山尊		582	
			金罍		582	
			卣		583	

续表36

年代	作者	著作	图表	出处	页码	附注
清代	黄以周	《礼书通故》	蜃尊	《续修四库全书》第112册卷四十九名物二	583	
			概尊		583	
			散尊		583	
			方壶		584	
			圜壶		584	
			陈氏方壶图		585	
			陈氏圜壶图		585	
			瓦甒		585	
			罍		586	
			爵		586	
			觚		587	
			觯		587	
			角		587	
			觥		588	
			丰		588	
			合卺匏爵		589	
			瓢赍		589	
			禁		589	
			斯禁		590	
			陈馔楲		590	
			鼎		590	
			鼎扃		590	
			束鼏		590	
			编鼏		590	
			棜俎		591	
			巌俎		591	

续表 37

年代	作者	著作	图表	出处	页码	附注
清代	黄以周	《礼书通故》	棋俎	《续修四库全书》第112册卷四十九名物二	591	
			房俎		591	
			俎头正面两足图		591	
			殷俎		592	
			周俎		592	
			聂图房俎		592	
			笾		593	
			豆		593	
			登		594	
			簋		594	
			簠		594	
			旧簠图		595	
			旧簋图		595	
			敦		596	
			铏		596	
			匦		597	
			梁正匦图		597	
			箧		598	
			箪		598	
			筐		598	
			筥		598	
			竹簋方		599	
			筐		599	
			箧		600	
			笥		600	
			箪		600	

续表 38

年代	作者	著作	图表	出处	页码	附注
清代	黄以周	《礼书通故》	筲	《续修四库全书》第112册卷四十九名物二	600	
			筲巾		601	
			绤绤不画之巾		601	
			画巾		601	
			黼巾		602	
			勺		602	
			龙勺		602	
			蒲勺		602	
			疏勺		602	
			饭匕		603	
			牲匕		603	
			疏匕		603	
			挑匕		603	
			盘		604	
			匜		604	
			珠盘		605	
			洗		605	
			罍		605	
			枱		606	
			毕		606	
			互		606	
			盆		606	
			簝		606	
			桥		607	
			觛		607	
			汉量		608	

礼器卷 307

续表39

年代	作者	著作	图表	出处	页码	附注
清代	黄以周	《礼书通故》	甒	《续修四库全书》第112册卷四十九名物二	606	
			鬲		609	
			几		609	
			杖		610	
			席		610	
			钟一依郑	《续修四库全书》第112册卷四十九名物三	611	
			钟二新定		611	
			磬一戴图		612	
			磬二		612	
			编钟		613	
			编磬		613	
			金錞		614	
			金镯		614	
			金铙		614	
			金铎		614	
			琴		615	
			瑟		615	
			埙古埙面		616	
			今埙		616	
			古埙背		616	
			篪		616	
			籥		616	
			篴		616	
			箫		617	
			管		617	
			笙		617	

续表 40

年代	作者	著作	图表	出处	页码	附注
清代	黄以周	《礼书通故》	竽	《续修四库全书》第112册卷四十九名物三	617	
			拊相		618	
			柷		618	
			止		618	
			敔		619	
			籈		619	
			牍		619	
			应		619	
			雅		619	
			土鼓		620	
			蒯桴		620	
			由桴		620	
			旄舞		620	
			翟		620	
			羽舞		620	
			皮舞		621	
			先郑侯		621	
			新定乡侯		621	
			大射侯鹄		622	
			虎鹄		622	
			熊鹄		622	
			豹鹄		622	
			麋鹄		622	
			糁鹄		622	
			豻鹄		622	
			兽侯质		623	

续表 41

年代	作者	著作	图表	出处	页码	附注
清代	黄以周	《礼书通故》	熊首	《续修四库全书》第112册卷四十九名物三	623	
			虎豹首		623	
			麋首		623	
			鹿豕首		623	
			采侯正		623	
			五采		623	
			三采		623	
			二采		623	
			楅		623	
			乏		624	
			朴		624	
			算		624	
			鹿中		625	
			兕中		625	
			皮树中		625	
			闾中		625	
			虎中		625	
			决		626	
			韎		626	
			朱极		626	
			遂		626	
			陈图		626	
			物		627	
			并夹		627	
			次		627	
			足鼓		628	

续表 42

年代	作者	著作	图表	出处	页码	附注
清代	黄以周	《礼书通故》	建鼓	《续修四库全书》第112册卷四十九名物三	628	
			雷鼓		629	
			灵鼓		629	
			路鼓		629	
			晋鼓		630	
			鼖鼓		630	
			皋鼓		630	
			鼗		630	
			提鼓		631	
			大常		632	
			旂		633	
			旗		633	
			旟		634	
			旐		634	
			旞		635	
			大赤		635	
			物		636	
			旝		636	
			旌		636	
			号名之物		637	
			龙旃		638	
			鸟章		638	
			翿旌		638	
			青旌		638	
			鸣鸢		638	
			飞鸿		638	
			虎皮		638	
			貔貅		638	

续表 43

年代	作者	著作	图表	出处	页码	附注
清代	黄以周	《礼书通故》	弓	《续修四库全书》第112册卷四十九名物四	639	
			弩		640	
			矢		640	
			干		640	
			戚		640	
			殳		641	
			矛		641	
			戈		642	
			戟		642	
			剑		643	
			削		643	
			甲		643	
			釬		643	
			甲裳		643	
			今甲一		644	
			今甲二		644	
			今甲三		644	
			胄		645	
			郑注牙图		645	
			新定牙图		645	
			新定辐		646	
			郑子尹申注		646	
			毂		646	
			毂辐牙合材		646—647	
			轮		647	
			重较		647	

续表 44

年代	作者	著作	图表	出处	页码	附注
清代	黄以周	《礼书通故》	逢常部桯	《续修四库全书》第112册卷四十九名物四	648	
			益弓		648	
			轪合衡度数		648—649	
			车舆合轸舆任正者及受底板		649	
			舆底为鏊受当兔伏兔钩心		649	
			楔		654	
			决		654	
			韘		654	
			纩极		654	
			握手裁式		655	
			掌面式		655	
			掩		655	
			冒		655	
			衾		656	
			小敛绞		656	
			大敛绞		656	
			铭旌		657	
			功布		657	
			重鬲		658	
			熬筐		658	
			苞		658	
			筲		658	
			抗木		659	
			茵		659	
			折		659	
			抗席		659	

续表 45

年代	作者	著作	图表	出处	页码	附注
清代	黄以周	《礼书通故》	桁	《续修四库全书》第112册卷四十九名物四	660	
			轴		660	
			柩车		661	
			柩饰		661	
			翣		662	
			垅		663	
			前		663	
	吴之英	《寿栎庐仪礼奭固礼器图》	筵	《续修四库全书》第93册士冠礼一	606	
			筵席		606	
			所卦者		606	
			策籑		607	
			洗		607	
			篚		609	
			栉		609	
			箪		610	
			蒲筵		610	
			甒		611	
			筐		612	
			勺		612	
			觯		612	
			角柶		612	
			篋		612	
			坫		612	
			束帛		613	
			俪皮		613	
			俎		613	
			禁		614	

续表 46

年代	作者	著作	图表	出处	页码	附注
清代	吴之英	《寿栎庐仪礼奭固礼器图》	爵	《续修四库全书》第93册士冠礼一	615	
			鼎		615	
			扃		616	
			鼏		616	
			豆		616	
			笾		616	
			几	《续修四库全书》第93册士昏礼二	618	
			玄𬘘束帛		618	
			豆巾		618	
			敦		619	
			甒		619	
			绤幂		619	
			合卺		620	
			墨车		620	
			烛		622	
			袡		623	
			次		623	
			匕		624	
			对席		624	
			衽		625	
			良席		625	
			枕		625	
			笋		625	
			束锦		625	
			缁被纁裹		625	
			桥		625	
			罄		626	

续表47

年代	作者	著作	图表	出处	页码	附注
清代	吴之英	《寿栎庐仪礼奭固礼器图》	雁布缕	《续修四库全书》第93册士相见礼三	626	
			羔布缕		626	
			大圭		627	
			镇圭		627	
			冒		628	
			桓圭		628	
			信圭		628	
			躬圭		628	
			谷璧		628	
			蒲璧		628	
			苍璧		629	
			黄琮		629	
			青圭		629	
			赤璋		629	
			白琥		629	
			玄璜		629	
			球玉笏		629	
			榖圭		630	
			琬圭		630	
			琰圭		630	
			珍圭		630	
			土圭		630	
			大琮		630	
			大璋		630	
			巡守大璋		631	
			巡守中璋		631	

续表 48

年代	作者	著作	图表	出处	页码	附注
清代	吴之英	《寿栎庐仪礼奭固礼器图》	巡守边璋	《续修四库全书》第93册士相见礼三	631	
			祼圭		631	
			牙璋		631	
			军旅兵守中璋		631	
			瑑圭		632	
			瑑璋		632	
			瑑璧		632	
			瑑琮		632	
			四圭有邸		632	
			两圭有邸		632	
			圭璧		632	
			璧琮		633	
			张邸射		633	
			度璧		633	
			天子驵琮		633	
			宗后驵琮		633	
			驵渠眉圭		633	
			驵渠眉璋		634	
			驵渠眉疏璧		634	
			驵渠眉疏琮		634	
			驵渠眉琥		634	
			驵渠眉璜		634	
			饭玉		634	
			含玉		634	
			赠玉		634	

续表 49

年代	作者	著作	图表	出处	页码	附注
清代	吴之英	《寿栎庐仪礼奭固礼器图》	席	《续修四库全书》第93册乡饮酒礼四	636	
			壶		636	
			斯禁		636	
			瑟		636	
			笙		636	
			和		637	
			磬		637	
			三重席		637	
			再重席		638	
			加席		638	
			鼓县	《续修四库全书》第93册乡射礼五	638	
			钟县		638	
			磬县		638	
			鏞县		639	
			侯		644	
			乏		644	
			决		645	
			遂		645	
			弓		645	
			矢		646	
			旌		646	
			物		646	
			扑		647	
			楅		647	
			鹿中		647	
			筭		647	

续表 50

年代	作者	著作	图表	出处	页码	附注
清代	吴之英	《寿栎庐仪礼奭固礼器图》	丰	《续修四库全书》第 93 册 乡射礼五	647	
			熊侯		647	
			麋侯		648	
			虎侯		648	
			豹侯		648	
			鹿侯		648	
			豕侯		648	
			物		648	
			白羽朱羽糅		649	
			薰襦		649	
			朱襦		649	
			皮树中		649	
			翻旌		649	
			闾中		649	
			虎中		650	
			龙旃		650	
			兕中		650	
			罍	《续修四库全书》第 93 册 燕礼六	650	
			膳篚		651	
			方壶		651	
			瓦大		651	
			幂		651	
			圜壶		651	
			筵		651	
			公席		651	
			加席		651	

续表 51

年代	作者	著作	图表	出处	页码	附注
清代	吴之英	《寿栎庐仪礼奭固礼器图》	觚	《续修四库全书》第 93 册 燕礼六	651	
			象觚		651	
			角觚		652	
			象觯		652	
			膳觯		652	
			重席		652	
			膳爵		652	
			散爵		652	
			管		652	
			勺舞		652	
			大侯	《续修四库全书》第 93 册 大射仪七	654	
			参侯		654	
			干侯		654	
			笙磬		655	
			笙钟		655	
			鏄		655	
			建鼓		655	
			应鼙		656	
			颂磬		656	
			钟		656	
			朔鼙		657	
			簜		657	
			竽		657	
			籥		658	
			箫		658	
			篪		658	

续表 52

年代	作者	著作	图表	出处	页码	附注
清代	吴之英	《寿栎庐仪礼奭固礼器图》	篚	《续修四库全书》第93册大射仪七	658	
			觢		658	
			鼗		658	
			膳尊		659	
			箭幂		659	
			次		659	
			筹		659	
			笴		659	
			朱极		659	
			散鲜		660	
			散		660	
			幂	《续修四库全书》第93册聘礼八	660	
			皮		660	
			筵		660	
			几		660	
			廬		660	
			楬		660	
			圭		660	
			圭缫		662	
			璧缫		662	
			璋缫		662	
			琮缫		662	
			璧		662	
			璋		662	
			琮		662	
			策		662	

续表 53

年代	作者	著作	图表	出处	页码	附注
清代	吴之英	《寿栎庐仪礼奭固礼器图》	墠坛	《续修四库全书》第93册聘礼八	663	
			竹簋方		663	
			玄被纁里		663	
			羞鼎		663	
			几		663	
			筵		663	
			玉锦		664	
			韦弁		664	
			陪鼎		664	
			碑		664	
			簋		664	
			铏		664	
			簠		664	
			瓮		665	
			筥		665	
			筐		665	
			束纺		665	
			宾柩		667	
			士介棺		667	
			策		667	
			方		668	
			槃	《续修四库全书》第93册公食大夫九	668	
			匜		668	
			加席		669	
			镫		669	
			蒲筵		669	
			萑席		669	

续表 54

年代	作者	著作	图表	出处	页码	附注
清代	吴之英	《寿栎庐仪礼奭固礼器图》	龙旂	《续修四库全书》第93册 觐礼十	673	
			弧		673	
			韣		674	
			斧依		674	
			屏		674	
			路		674	
			玉路		674	
			金路		675	
			象路		675	
			革路		675	
			木路		675	
			方明		675	
			大旆		676	
			敛衾	《续修四库全书》第93册 士丧礼十二	684	
			角柶楔		685	
			燕几		685	
			帷		685	
			床		685	
			铭		685	
			坎		686	
			垼		686	
			新盆		686	
			瓶		686	
			废敦		686	
			重鬲		686	
			髺笄		687	

续表 55

年代	作者	著作	图表	出处	页码	附注
清代	吴之英	《寿栎庐仪礼奭固礼器图》	布巾	《续修四库全书》第93册士丧礼十二	687	
			挋		687	
			瑱		687	
			幎目		687	
			握手		687	
			决		688	
			纩极		688	
			冒		688	
			褖衣		688	
			竹笲		689	
			组系		689	
			沐巾		689	
			浴巾		689	
			繘		689	
			夷槃		689	
			重		690	
			绞		690	
			缁衾		690	
			幂盆巾		691	
			盆盥巾		691	
			第		691	
			夷衾		691	
			素俎		691	
			莞席		691	
			簟		692	
			鼎巾		692	

续表 56

年代	作者	著作	图表	出处	页码	附注
清代	吴之英	《寿栎庐仪礼奭固礼器图》	裯	《续修四库全书》第 93 册 士丧礼十二	692	
			燎		692	
			绞		692	
			紟		692	
			衾		692	
			瓦甒		692	
			角觯		692	
			木柶		692	
			甒豆		693	
			无縢筲		693	
			布巾		693	
			奠席		693	
			敛席		693	
			殡		693	
			衽		693	
			棺		693	
			轴		693	
			盖		694	
			熬筐		694	
			次		694	
			戈		694	
			贰车		695	
			瓦敦		695	
			巾		695	
			椁		695	
			龟		695	

续表 57

年代	作者	著作	图表	出处	页码	附注
清代	吴之英	《寿栎庐仪礼奭固礼器图》	楚焞	《续修四库全书》第93册士丧礼十二	696	
			燋		696	
			筵席		697	
			琴		697	
			纩		697	
			髺		697	
			中带		697	
			厕		697	
			桵		698	
			素勺		698	
			毳		698	
			缨		698	
			恶车		698	
			白狗幦		699	
			蒲蔽		699	
			蒲茇		699	
			犬服		699	
			木錧		699	
			约绥		699	
			约辔		699	
			木镳		699	
			疏布裧		699	
			贰车		700	
			白狗摄服		700	
			帚		700	

续表 58

年代	作者	著作	图表	出处	页码	附注
清代	吴之英	《寿栎庐仪礼奭固礼器图》	夷床	《续修四库全书》第93册既夕十三	701	
			功布		701	
			柩车		701	
			輤		701	
			缨		701	
			綪		702	
			束		702	
			池		702	
			纽		702	
			齐		703	
			披		703	
			引		703	
			折		703	
			抗木		703	
			抗席		703	
			茵		704	
			苞		704	
			筲		704	
			瓮幂		704	
			醴酒幂		704	
			木桁		704	
			耒		705	
			耜		705	
			杆		705	
			甲		705	
			胄		705	

续表 59

年代	作者	著作	图表	出处	页码	附注
清代	吴之英	《寿栎庐仪礼奭固礼器图》	干	《续修四库全书》第93册 既夕十三	705	
			筜		705	
			杖		705	
			笠		705	
			翣		705	
			輅		707	
			栈左服		707	
			盖		707	
			制币		707	
			见		707	
			輁轴		707	
			乘车		707	
			鹿浅幦		708	
			革鞅		708	
			贝勒		708	
			衡		708	
			道车		708	
			槀车		709	
			蓑		709	
			墙		709	
			柩		709	
			弭		709	
			柲		709	
			依		710	
			挞		710	
			猴矢		710	
			志矢		710	

续表 60

年代	作者	著作	图表	出处	页码	附注
清代	吴之英	《寿栎庐仪礼奭固礼器图》	亨爨	《续修四库全书》第93册 士虞十四	711	
			鱼腊爨		711	
			饎爨		711	
			甒		711	
			绤布幂		711	
			素几		711	
			苇席		712	
			苴		712	
			废爵		712	
			足爵		712	
			缠爵		712	
			扉席		712	
			祝荐席		712	
			水尊		712	
			觭几		713	
			觭席		713	
			宾兽梱	《续修四库全书》第93册 特牲十五	714	
			萑苇		714	
			毕		714	
			匕		715	
			肵俎		715	
			角		715	
			扉筵		715	
			缁韠		715	
			笲巾		715	
			牲爨		715	

续表 61

年代	作者	著作	图表	出处	页码	附注
清代	吴之英	《寿栎庐仪礼奭固礼器图》	雍爨	《续修四库全书》第93册 少牢十六	716	
			廪爨		717	
			羊镬		717	
			豕镬		717	
			枓		717	
			金敦		718	
			瓦豆		718	
			疏匕	《续修四库全书》第93册 有司彻十七	719	
			桃匕		719	
			扉席		719	
			疏匕		719	
			桃匕		719	
			扉席		719	
	于鬯	《读仪礼日记》	射侯	《续修四库全书》第93册	349	旧图
			射侯		350	俞图
			射侯		350	今图